ラクに楽しくいい子が育つ10のルール

はじめに

かつて日本の庶民は、その家の奥さんのことを「女将《おかみ》さん」と呼ぶのが普通でした。おかみさんってどういう意味なのだろう……ふと思って調べてみると、「おかみさん＝御神《おかみ》さん＝太陽さん」と書かれている本を見つけました。『日本のこころの教育』（境野勝悟、致知出版社）という本です。

この本いわく、「おかみさんとは家の中に輝く太陽のような存在」であるというのです。おかみさんという存在は家庭を明るく照らし、家族みんなが大きく成長するエネルギーなのだという記述を読んだとき、私は「あっ、おかみさんはお母さんだ！」と思いました。私たちは太陽が放つエネルギーをもらうことで生きています。家庭はお母さんの放つエネルギーで動いているのかも、と思ったからです。エネルギーは出せば出すほど湧いてくる無限の愛であり、無から有を生み出す根源とも言えます。

それもそのはず、男性も女性も例外なく、みんなお母さんのお腹の中で育ち生まれてきました。いや、私はお父さんから生まれてきました！　という方はいないですよね。

しかも、三木成夫さん（解剖学者）の著書によれば、人間は受精卵から胎児に成長する過程で、脊椎動物５億年分の進化をわずか一週間で再現し、人として生まれてくるといいます。母のお腹の中ではこんなにすごい事が起きているのですから、お母さんとは本当に偉大な存在で、すごいエネルギーを発しているのだと思うのです。だからこそ、おかみさん＝御神さん＝太陽さんとなるのだと納得したのです。

子どもはみんな無条件にお母さんが大好きです。お母さんの顔が晴れやかであれば、子どもも晴れやかです。一方、大好きなお母さんの顔が曇ってしまうと子どもの心も曇ってしまい、お母さんの心が嵐になれば子どもの心も嵐になります。親子は深いところで繋がっているのです。

しかし、大きくなるにつれ子どもにも自我が芽生えます。親が思うようには動いてくれず、もどかしい日もあるでしょう。

ただ、そもそも、「もどかしい」と思う感情はどこからくるのでしょうか。親として、自分の心がいつも晴れやかでいるためにはどうすればよいのか、ネガティブな感情はどこからくるのか、どうして腹が立ったのか、何が悲しいと感じたのか……そんな自分探しをしていくと、子育てひいては人生をどうやって楽しむかを考えられるようになってきます。

子どもが言うことを聞かないのを力ずくでどうにかしようとしても、うまくいきません。むしろ、子どもの心に傷をつけているかもしれないのです。そこで思いを少し、言葉を少し、言い方を少し、自分を少し変えるとうまくいく場合が、本当にたくさんあります。

子どもを取り巻く自然の法則を無理に曲げようとせず、法則に従って振る舞っていれば、怖いものは何もないと思うのです。

自然の法則が重要なのは子育てだけでなく、体の健康についても同じです。雨が降ると川の水が増えるように、物事には原因があって結果があります。
病気も同じなのです。私が薬剤師としてたくさんの患者さんと関わる中で痛切に感じるのは、病気には原因があって症状（結果）が出る、という事実です。原因（問題）を無視して症状（結果）だけどうにかしようとしても、原因を消さない限りは解決しません。そして、病気（問題）の原因を消すために、また、原因を限りなく小さくするためには、毎日の生活のちょっとした積み重ねが大切です。これは実際に自分が病気になってみないと実感は湧きませんし、若いうちはエネルギーに満ち溢れているので、気にも留めないものです。

私もそうでした。「今しかできないことをする！」と独身ライフを満喫する毎日を送っていたある日、突然襲ってきた激しい腹痛に救急車で運ばれ緊急手術を受けた経験があります。

病名はチョコレート嚢胞（子宮内膜症の一種）の破裂による腹膜炎。医師から、将来子どもができる可能性は限りなく低いと言われました。

ショックを受けた私は退院後、今までの生活を改めました。薬による治療ではなく、鍼治療や食生活の見直しなどで体を立て直しました。

病気になって入院したことで、人生における大きな気付きを得ることができたのです。その後、結婚して間もなく息子を授かりました。それだけでも奇跡と言われましたが、さらに二人の子どもを授かり、三児の母となりました。

5歳くらいまでは、生まれる前の記憶を持っている子どもがいると言います。私は生まれた息子に「どうしてお母さんの所に来たの?」と聞いてみました。すると「めっちゃ笑っていて、楽しそうだったから!」と答えてくれたのです。

そうか、楽しそうだから来てくれたのね。だったらずっと楽しい時間を一緒に過ごそう、と思いました。

とはいえ、子育てはとっても大変です。一人の時とは全く違う、時間の過ぎていく早さ。そして自由にならないもどかしさ。妻であり母であり、仕事も追いかけてくる……。

ただ、お母さんが必死になりすぎてしまうと、見ている子どもたちも窮屈になってしまいます。ヒステリックになると精神が不安定になります。

だからこそ、適度な手抜き、息抜きがとても大切なのです。

楽しく子育てし、人生を楽しむために私が大切にしていること。

それが本書で紹介する「10S」です。これは長男が生まれた頃に「5Sならぬ10Sを考えろ!」と、あるセミナーで課題を出されたことがきっかけで、私が頭をひねって創り出したものです。

5Sと最初に聞いたときに私は何それ？　と思ったので、読者の中にもこの言葉を初めて聞く方がいらっしゃるかもしれません。5Sとは工事現場や会社などでよく使われているスローガンで、「整理、整頓、清掃、清潔、躾《しつけ》」をローマ字読みした際の頭文字の「S」をとった用語です。

5Sは仕事を行う上で、モノや情報を常に取り扱いやすい状態にするための取り組みのことで、職場環境の維持・改善を目的として用いられるキーワードです。

この5Sをさらに突き詰め、子育てと生き方の極意として私なりにアレンジし、
①整理
②整頓
③清掃
④清潔
⑤躾
⑥作法

⑦習慣
⑧スマイル
⑨素直
⑩責任

の10Sにまとめました。

10Sを深掘りしていくと、偉大な先人たちの思いと知恵に行き着きます。10Sとは先人たちが編み出した、自分の時間を作り出すためのちょっとした心の持ち方、楽しく生きるためのちょっとした工夫の事なのです。

毎日できなくても大丈夫、意識しているだけでも変わってくるのです。そうすると子育ても仕事も効率が上がり、何でも楽しめるようになってきます。

こうして、「太陽」であるお母さんがキラキラと輝き、ワクワクしながら人生を楽しむことができていれば、家庭はずっと平和で繁栄し続けること間違いなしです。

私はこんなことを考えながら毎日を楽しく過ごし、子どもたちも毎日が楽しいと思える人生を送ってほしいと願っています。

この本を読んで皆様の楽しい子育てライフ、そして楽しい人生のヒントにして頂ければ幸いです。

目次

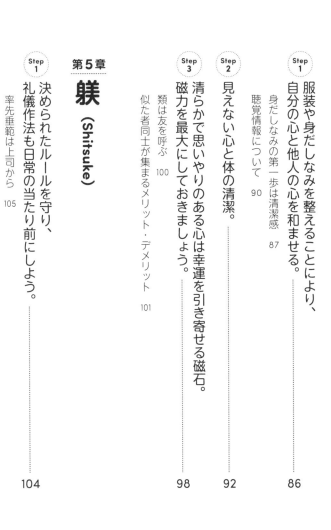

第５章

躾（Shitsuke）

第6章 作法（Saho）

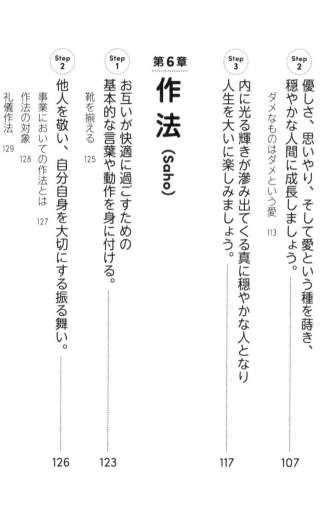

第7章 習慣 (Syukan)

第8章 スマイル（Smile）

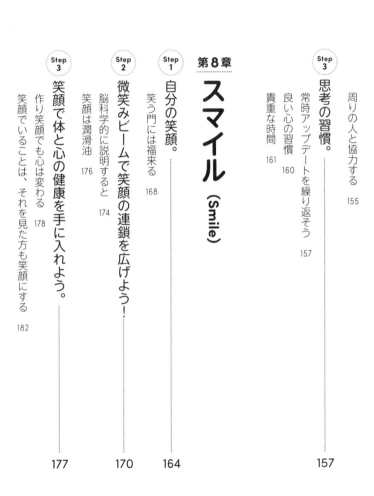

第9章

素直（Sunao）

第1章

整理

(Seiri)

整理とは①乱れた状態にあるものをととのえ、秩序正しくすること。
②不必要なものを取り除くこと。
③仕上げ。　【広辞苑より】

「整理が大事」とよく言われます。ただ、私にとってこれが結構ハードルが高いのです。

一人の時なら散らかすのも一人ですが、子どもが生まれると、片付けてもすぐに子どもが散らかす毎日。自分の時間がほぼない日々の中で、整理は時間があるときにしようと、つい後回しにしがちです。周囲が散らかっているのを見ると、心がざわつきます。

また、忙しいお母さん業のなかで、子どもと向き合う時間を作ることができず、「ちょっと待ってね」と言ってしまった覚えはありませんか？

子どもは自分が今どういう心理状態なのか、表情や声、しぐさなどでサインを送ってきます。整理をしていると、時間にも心にも余裕ができるので、ちょっとしたサインにも素早く気付くことができるようになるのです。

子どもとの時間を作り出すために、自分の時間を作り出すために、いつも笑顔でいるために、本章では整理について述べていきます。子どもたちの明るい未来を作るために、ちょこっと時間を作り出す近道を見つけましょう。整理を深堀りしていくと、幸運を引き寄せる秘訣や、人生を思い通りに動かせる法則が分かってきます。

Step1

必要なものと不要なものを区別し、不要なものは感謝の心で処分する。

整理とはつまり断捨離です。これができたら家の中もすっきりして、ものが溢れることはなくなります。

ものに埋もれていると、時間も空間も、お金までもが無駄になってしまいます。「えっ、お金？」と思いませんでしたか？　そう、ものを捨てられないと、お金の無駄にまで繫がっていくのです。

時間の無駄とは、山積みした書類の中から必要な書類を探して取り出すための無駄のこと。空間の無駄とは、倉庫のスペースや引き出しなどが圧迫された状態。ここまでは誰もがすぐに思いつきます。

そしてお金の無駄とは、同じものをいくつも買ってしまうという無駄遣いリスクです。心当たりがありませんか？

会社の備品なら重複して購入してもそれほど気にならないかもしれませんが、自分の財布が痛むのは見過ごせないはずです。

さらに、整理ができていないと事故が起こるリスクにも繋がっていきます。だからこそ、企業は5Sを推奨しているのです。


5Sと言われると職場で使う方針だと思いがちですが、家庭でも同じです。クローゼットにギュウギュウに詰め込んだ洋服は思いがけないシワができ、いつか使うだろうと大事にしまっていた洋服は気付けば経年劣化。筆ペンどこだっけとあちこちの引き出しを探す時間。やっと出てきたと思えばインクが固まって使えない……。安いからと買い溜めた食材は、いつの間にか賞味期限切れ、等々。

ついつい「もったいない」「あとから何かに使えそう」と思ってしまい、結果的に不要なものを溜めてしまい、保管スペースを圧迫していきます。もったいないと取っておいたせいで余計にもったいないを生む、という悪循環になっていることもあります。

また、たくさんあるものの中から探しものをしようとすると、時間もかかります。時間がない時間がないと言いつつ、自分で自分の時間を無駄に使っているのです。

まずは、「本当に必要なもの」以外は思い切って捨てる。これがはじめの一歩です。

実際に取りかかるときに注意しないといけないのは、ある人にはごみのように見えても、実際に使っている人には大事なもの、必要なものである場合がある、ということです。とはいえ、そんなことを考えていると断捨離が進みません。一定のルールを決めておきましょう。

まずは捨てるルール作り。最初に「期間」と「数量」を決めます。

例えば、直近の一年間に一度も使わなかったものは捨てる、という基準を作り、該当するものを処分していく。一年に一度しか使わないものもあるでしょうから、そのあたりは臨機応変に考えましょう。

まとめ買いをする場合も、在庫は最大一年分とし、それ以上は買い込まない。といった大まかなルールです。

次に、「必要なもの」と「不要なもの」を選別していきます。

「使うもの」「使わないもの」「使えないもの」に分け、使うものをさらに「頻繁に使うもの」「たまに使うもの」「使う可能性があるもの」に分けます。使う可能性が極端に低いものや何に使うか不明なものは、不要なものに分類します。

どうしても判断がつかないものは、保留の置き場を作って定期的に再考するというルールも決めておきましょう。

そして不要と思われるものは、期日を決めて処分！　捨てる際は、買ったとき、使っていたときを思い出し、感謝を込めて「今までありがとう」という心で処分しましょう。

ものにも心が宿っています。粗末に扱うと思わぬところで怪我をしたりするものです。最近はパソコンで電子保存することも多いので、フォルダの中の不要なデータも整理しておきましょう。

不要として処分されるものが何かをよく観察し、必要なものの判断基準が明確になってくると、新しいものを購入するときにも「本当に必要なのか？」と考えることができます。

そうして身の回りの整理ができると、物事を効率よく進めることができるようになり、頭の中もクリアになるという効果も出てきます。

整理は心に余裕を生み、無駄な出費を減らし、家事や掃除を楽にし、そして、時間も生み出すのです。時間、空間、お金に余裕ができるなんて最高ですね。

●整理は最高の時短ツール

一日が短すぎる！　と思っている方は多いのではないでしょうか。特に仕事をしているお母さん。毎日あっという間に夕方になり、いつも時間に追われているという感覚がありませんか？

私も「時間と仕事は追われるものではなくて追うものだ」と母によく言われていましたが、時間と仕事に追われてくると、目先のことだけに意識がとられてしまい、目標がなんだか分からなくなり、何をしても楽しくなくなってしまいます。

朝、時間がないときに限って子どもが「お母さん○○どこにある？」「この前のプリント知らない？」と言われ、探しものに時間を取られてイライラしてしまう……心当たりがありませんか？

ここで、ちょっと具体的な時間のお話です。

ビジネスパーソンが探しものをする平均時間はなんと、年間１５０時間と言われています。大手文具メーカーのコクヨが実施した調査でも、ビジネスパーソンは書類探しに年間80時間費やしているとのこと。80時間といえば、３日と８時間もあるのです。なんともったいない！

さらに、システム機器販売メーカーの大塚商会の調査によると、家庭で子どもが持って帰ってくるプリント、郵便物など、書類以外の文具や名刺、メールなど様々な探しものを加えると年間150時間にもなるそうです。6日と6時間です。これを一日の活動時間（10時間）に当てはめると15日分。年間のうち半月分も探しものをしているだなんて驚きです。

整理するということは、毎日ちょっとの時間を貯める、貯金ならぬ貯時間を作る行為なのです。

●人生のバイオリズム

人間には「バイオリズム」というものがあります。

統計学である九星気学や四柱推命などでも、人生は9～13年のサイクルで流れていると言われています。一日の積み重ねの先に一週間、一カ月、一年があるのですから、毎日の時間の使い方は重要です。

誰にでも人生には良い時期と悪い時期があり、目に見えない人の「気」や「勢い」などの流れがあります。

人はこれを「運気」や「運勢」のように表現しています。こうした流れは統計学的に研究され、時間、日、月、年ごとに変動し、一定のサイクルや波があることが明らかになっています。

運気の良いときに行動や決断をするとスムーズに進みますが、低迷している時期に決断したり挑戦したりしてもうまくいかない場合が多いようです。

人生のバイオリズムをしっかりと把握し、自分で自分の時間を管理することができれば、良い波に乗れるようになります。

お正月に神社やお寺で開運暦などが販売されているのは、「人生の流れを把握するために使ってください」ということなのです。

運気や運勢を自分の思い通りに動かすためにも、時間管理は必須です。

●毎日が決断の連続

私たちは、一日にたくさんの決断をしています。ケンブリッジ大学のバーバラ・サハキアン教授の研究によると、人は一日に最大３万５０００回の決断をしているといいます。

朝起きて、「今日は何を着て出かけようか」「朝食は何にしようか」「お弁当のおかずはどうしようか」といった決断を繰り返すわけです。言語・食事・交通に関する決断から、歩く・座るなどの「体をどう動かすか」についての決断や、会社や自宅で行っている決断まで、すべてが決断です。

ただし、人が一日に決断できる回数の上限は決まっています。決断をするたびに少しずつ疲れてしまうのです。

身体を動かし続けていると疲労するのと同じように、決断を続けていると脳が疲労し、徐々に決断の質が低下していきます。この現象が「決断疲れ」です。

コロンビア大学のシーナ・アイエンガー博士による「ジャム実験」という実験があります。スーパーマーケットのジャムの試食ブースで、24種類のジャムを並べたときと6種類だけのジャムを並べたときを比較すると、数が少ない6種類の方が売れた、というものです。

この研究結果から、「人は選択肢が多すぎると選べなくなる」ことが分かります。

選択肢が多すぎると、人間は判断に迷います。整理ができておらず、身の回りにものが多すぎると、決断する回数も時間も多くなっていくのです。また、何かを決断する際にも、判断の基準が曖昧だと選択肢が多くなってしまうので、一つに絞ることが困難になってしまいます。

肉体的な疲労に比べて、決断疲れは自覚するのが難しいと言われています。考えすぎて疲れてきて、「まぁいいか」とつい衝動的に不要なものを買ってしまい、後から後悔した経験が、誰しも一度や二度はあるのではないでしょうか。

判断の基準を明確にしていくために、「なぜ必要なのか」「本当に必要か」といつも自分に問いかけておくことで、物事の本質が掴めてきます。様々な問題解決に繋げられるのです。

●捨てない損と捨てる得

決断した（捨てた）後で、「あの時捨てなきゃよかった」と後悔するかもしれないと思うから、捨てられない、決められない。そんなこともあると思います。悪いことは印象的なので記憶に残っていますが、本当に必要だったの？　他のもので代用できない？　と考えると、ものを捨てて後から後悔するケースはごく稀だと気付きます。

後悔を恐れ、溜め込んでいき、積み重ねが空間を圧迫して整理ができなくなってしまうのです。

そこで、すぐに決められないものは「とりあえずボックス」という箱を作ってそこに入れ、時間をおいて再度チェック！

捨てれば捨てるほど、考える時間がどんどん少なくなって時間が生まれてくるのです。捨てることで得をする。捨てない手はない！　ということになりますね。

●脳のストレス

人間がストレスを感じているとき、思考を司る脳の前頭葉《ぜんとうよう》の活動が過剰になっている状態であることが、これまでの脳科学研究で明らかになっています。

情報がデジタル化された現代は、昔に比べて情報量が格段に増え、脳のストレス量は増えています。ストレスが重なると、肩こりや頭痛などの症状が現れたり、判断力や思考力、記憶力が低下しやすくなったりします。

また、ストレス社会といわれる昨今は、幸福感やひらめきを感じる人も減っているといいます。ひらめきや幸福感が減ると脳内の幸せホルモンが減少し、処理能力も落ちてしまいます。

脳科学の世界では、気付きやひらめきにより脳が活性化する現象「アハ体験」と〝偶然の幸福〟を意味する「セレンディピティ」という概念があります。「アハ体験」と「セレンディピティ」については、第4章の「清潔」の章でもう少し詳しく説明します。

「アハ体験」や「セレンディピティ」を引き寄せるためには、脳をリラックス状態にしておく必要があります。そして、脳をリラックスさせるためには、脳に膨大な情報量を入力する目をケアし、休ませることが重要なのです。

脳の疲労回復には、目からの情報を遮断する睡眠がもっとも効果的です。15分程度の睡眠でも脳の機能は回復するため、移動中などで日中の隙間時間に昼寝できないときは、目をつぶるだけでもいいです。ぜひ試してみてください。

●ミネラル不足と体調不良

睡眠不足、過労、ストレスなどによる体調不良に陥ると、判断力が鈍ります。先ほども述べましたが、視覚情報は脳に大きな影響をもたらしますので、目で見る景色をすっきりさせる（片付ける）だけでストレスは軽減されます。

ストレスが大きくなると問題なのは、体内でミネラルが大量に消費され、ミネラル不足、つまりは現代版栄養失調となってしまうことです。

栄養失調というと、食べ物が手に入らず飢餓状態でやせ細り、栄養不足で体調を崩す状態をイメージしますが、現代版栄養失調は毎食食べているのにもかかわらず栄養失調になる症状です。摂取カロリーは十分足りていても、人間が生命維持をするための栄養素が足りていないという症状で、痩せていても肥満でも関係なく陥る危険性があります。

現代人はそもそも食生活の乱れによる慢性的なミネラル不足の方が多いため、ミネラル不足↓ストレス↓ミネラル消費↓ミネラル欠乏↓体調不良という負の連鎖が起こってしまうのです。

そうならないために、まずは食生活を見直しましょう。特に、偏食は栄養の偏りが生じるので要注意です。

ちなみに、ミネラルとは体を構成する主要な4元素（酸素、炭素、水素、窒素）以外の成分です。ミネラルは体内で合成できないため、食物から摂る必要があります。不足すると様々な不調が発生しますが、摂りすぎた場合にも過剰症や中毒を起こすことがあるので、バランスよく摂ることが必要です。

厚生労働省のホームページでは、多量ミネラル（ナトリウム、カリウム、カルシウム、マグネシウム、リン）と微量ミネラル（鉄、亜鉛、銅、マンガン、ヨウ素、セレン、クロム、モリブデン）までしか掲載されていませんが、その他にもほんのわずかながら重要な栄養素として、コバルト、ニッケル、ホウ素などがあります。

Step2
良い言葉と悪い言葉をどれだけ使っているかを明確にしましょう。

目で見るものは精神にとても大きな影響を及ぼしていると述べましたが、無意識に発している言葉を含め、自分の口から出る言葉にも私たちは大きく影響を受けています。

自分で発した言葉は回りまわって、自分に向けられる言葉として返ってきているのです。ちょっとしたボヤキも自分自身がもれなく聞いているということを忘れないでください。

私が小さい頃、よく母に「自分のしたことは必ず自分に戻ってくるよ」と言われていました。これは心理学でいうミラーイメージの法則に近い考え方です。自分が他人に向けた感情が自分自身にも影響を及ぼす、という法則です。

自分が発した言葉は、ブーメランのように戻ってきます。それもそのはず、自分が発する言葉を一番長い時間聞いているのは、間違いなく自分自身だからです。

●「まあるい言葉」と「チクチク言葉」

最近は保育園や学校でも「まあるい言葉」と「チクチク言葉」という表現で言葉の使い方の教育が行われています。私は自分の子どもが保育園に通っているときに、この言葉を初めて聞きました。

「まあるい言葉」はありがとう、すごいね、楽しいね、ごめんねなど、人の心を丸くするような優しい言葉。それに対し「チクチク言葉」は、ウザイ、最低、何やってんだよ、あっちへ行け、など、人の心をギクシャクさせる固く冷たい言葉です。

同じような意味のことを言われても、どちらの言葉をかけられたかで印象はずいぶん違います。まあるい言葉が多ければ、まあるい優しい温かい心に、チクチク言葉が多ければ、チクチク尖った固く冷たい心になっていきます。

まあるい言葉とチクチク言葉、この二つの言葉の周波数を目に見える形にして掲載した本などもあるようです。

●見えない力

「モーツァルトを聴かせると脳波がα波に変わる」とか「クラシックを聞かせると、牛の乳の出がよくなる」「植物に話しかけると、成長が早まる」という話を聞いたことがありませんか？

私も植物で試してみたことがあります。話しかけた植物は確かに成長が早く、とても元気になります。花束でもらった緑にも根が生えてしまうほどです。ですが、水やりだけで無視している植物は、そのまま枯れていきます。

この実験以来、水やりは「今日も元気だね。いつもありがとう」と話しかけながら行うことにしています。

これは、言葉による一定の周波数の音の振動が、水の状態を変えるということだと思っています。子どもにそのことを分かりやすく伝えるために、『水からの伝言』（江本勝、波動教育社）という写真集を購入しました。この写真は精製水（混じりけのない高純度の水）にいろんな音や言葉を聞かせ、凍結させた結晶をまとめたもので、チクチク言葉のときとまあるい言葉のときの違いを目で見ることができます。時折、この本を子どもと一緒に読みながら話をしていました。

まあるい言葉はどれかな？　どんな形になっている？

チクチク言葉はどれかな？　どんな形になっている？

どっちの言葉が素敵かな？　どっちの言葉が楽しくなるかな？

本にある写真では、「ありがとう」と伝えた水はきれいな結晶となり、「死ね」「むかつく」と伝えた水は、結晶にならず粉々になっていたのです。

そのなかで一番美しい結晶となっていたのは、「愛」と「感謝」という言葉そのものでした。

言葉は音です。音は周波数（波動）ですから、空気に伝わり水へ、そして、ものへと響きます。人間の体は60～70％の水でできています。そのため、普段何気なく使う言葉（波動）が人へ及ぼす影響は計り知れないのです。

自分が発する言葉は、自分はもちろんのこと、周りの人にも、ものにも伝染します。

地球の裏側で起こった津波が日本に来るように、実に世界にまで影響を与えるのです。

なんだか大きな話になっていますが、自分が発する言葉を意識して、どんな言葉が多いのかをまずは把握していくことが頭の整理、心の整理に繋がっていきます。

●心の見える化

自分の心の状態を見える化してみると、何にこだわっていて、どんなときに素敵なことが、どんなときに困ったことが起こっているのかが分析できます。

まあるい言葉をシャワーのように自分や周りに浴び注ぎ、ぜひ幸運を引き寄せてください。

チクチク言葉が多いと、固く冷たい暗闇の氷の世界を創り上げてしまいます。この状態が長引くと、病気になってしまうので注意してください。

良い言葉（まあるい言葉）と悪い言葉（チクチク言葉）をどれだけ使っているかを明確にすると、今の心の状態が把握することができます。

心の状態は体とダイレクトに繋がっているので、まずは自分の口から出ている言葉を整理して現状を把握してみましょう。

同じ意味のことを言っても、この言葉の使い方の違いで相手に与える影響も自分に与える影響も大きく違ってきます。それは人間関係だけのことではないのです。

Step3 自分をよく観察し、今の心の状態を把握しましょう。

自分が発している言葉をよく観察するようになると、体の声が聞こえてきます。少しの体調の変化になんとなくでも気付くようになるのです。

これはとても大切なことで、ダメージが大きくなる前に手を打つというのが重要なのです。

きつい言葉を使っているときは、無理が続いて体が悲鳴を上げイライラしているのです。

●腸はお腹の司令塔

人間は頭で考えて言葉を発していると思うかもしれませんが、実はそうではなく、お腹（腸）で考えて指令を頭（脳）に送り、口から言葉が出ています。

だからつい思ってもいないことが口から……なんてことがあるのですね。

腸の中にはたくさんの微生物が住んでいて、細菌たちと仲良く暮らしているからこそ心も体も健康でいられます。

このお腹の中の仲間が、元気に住みやすい環境を作っているかどうかがとても重要です。

例えば、あなたはブラック企業とホワイト企業のどちらで働きたいですか？　もちろんホワイト企業ですよね！

ところが、チクチク言葉が多いなぁ、イライラしているなぁ、と感じるときはお腹の中をブラック企業にしているのではないかと考えてみてほしいのです。

ブラック企業になったお腹とは、劣悪な環境で材料がないのに良い製品を作れ！もっと働け！　と言われている状態です。

イライラが止まらないのは、ミネラルが足りていない環境を作っているということなのです。
「お野菜をしっかり食べなさい」とよく言われるのは、このミネラル（材料）を体に取り込んであげるためなのですが、最近の食生活はどうでしょう。昔の人のようにしっかりとミネラルを摂れているでしょうか。

このように小さな毎日の整理を積み重ねていくと、年月と共に大きな差が出てきます。

整理をするということは、目から入る情報を整理し、脳ストレスを軽減し、幸運を引き寄せることにまで発展します。

ごちゃごちゃした家に入るとイライラしたり、ごみが多い町は犯罪が多いと言われますが、これは当然の反応です。

家も片付けができていると、ほっとする場に変わります。視覚によるストレスからの解放は、幸運の扉を開く第一歩です。

しかし、整理できていないことを気にしすぎるとストレスを抱え込むので、義務ではなく、毎日ちょこっと「楽しみ」を作るという気分でとりかかりましょう。

満足できるエリアが広がってきたら、整理できた自分を必ず褒めること！　まずは一歩を踏み出すことが大切です。

●整理の効果

東洋医学に「心身一如《しんしんいちにょ》」（心と身体は一体である）という言葉があるように、昔から身体と脳には深い関係があると考えられています。

整理して捨てる意識を脳が自覚することで、自分の脳自体も雑念を捨てやすくなると言えるのです。

たかが整理、されど整理。

空間を広げ、時間を生み出し、無駄遣いが減るのでお金も貯まる。

脳ストレスが減り、決断力が上がり、心の余裕も生み出して、幸運も引き寄せる。

整理ってすごい効果ですね。

子どもは素直で純粋ですから、一緒にいるとあっと驚くような子どもたちの会話を耳にすることがあります。我が家でもこんなエピソードがありました。

弟が兄のコップを倒してしまい、水がこぼれたことがあります。普通ならこぼされた兄は怒ると思うのですが、とっさに「ごめんね」と兄が言ったのです。もちろんそれを聞いた弟も「兄ちゃんごめん」と言いました。どうしてごめんと言ったの？　と兄に聞くと、「手が当たりそうな所にコップを置いていた自分も悪いじゃん。だから……」と言うのです。

相手を思いやる心、楽しみに変えるスキルなど、親バカですが子どもたちの成長を感じる日々です。

第 2 章

整頓

(Seiton)

整頓とは、よく整った状態にすること。きちんとかたづけること。

【広辞苑より】

整頓とは、第1章で「整理」した状態をキープするための仕組みです。

子どもたちと一緒に考えながら整頓を行うと、頭の中の整理整頓が上手になってきます。やるべきことが見えてきて、子どもの成績もぐんぐん伸びていきます。

整理整頓の効果を少しずつ積み上げ、続けられる仕組みを築いていきましょう。

せっかく整理できたのに、時間の経過とともにまたあちこち散らかってしまうと、またものに埋もれ、元の木阿弥《もくあみ》になってしまいます。空間を広げ、時間を生み出し、無駄遣いが減りお金が貯まるようにしたのに、一日二日の短時間で終わってしまっては、いつまで経っても何も生み出せず何も変わっていきません。

整理された状態をキープすることができれば、脳のストレスが減り、決断力が上がり、心に余裕が生まれ、幸運もぐんぐん引き寄せられるのです。

一度整理ができたのだから、整頓によってしっかりキープして、時間と空間とお金を有効に使いましょう。

Step1

必要なものをいつでも使える状態にしておきましょう。

整頓された状態とは、必要なときに必要なものを誰でも簡単に取り出せ、使い終わった後も元に戻せる状態です。

ここでは、ルールを決めて同じものを同じところに戻しやすくする仕組みを考えていきましょう。まずは、効率性や視認性（目で見たときの認識、確認のしやすさ）、安全性などを考え、保管場所とレイアウト、保管方法を決めていきます。

整頓することで、「ものを探す」という無駄な行動と時間をなくすことができます。そして、いつもさっと取り出せるので、同じものが複数になることもなく、お金の無駄遣いも防止できます。

整頓も、時間とお金を作り出すための作業です。まずは整頓するものに優先順位をつけると、作業がスムーズに進みます。

ほんの一例ですが、

①危険度：危険なものは高い所に置かない。
②サイズ別整理：サイズが多様なものは一カ所にまとめた後で分別する。
③使用頻度：使う頻度の高いものは取り出しやすい所に配置。
④保管量：置く量を決めておく。

といった感じで分けていきます。

まずは①危険度。万一地震が起きたとき、棚の安定性（転倒）などを考慮し、危険を想定して考えます。重たいものは棚の下に置くと安定しますが、高い位置に置くと転倒のリスクが高くなります。また繊細な割れ物や尖ったものなど、落ちてきたときに危険なものを高い所に置くのはやめましょう。

②は言うまでもないですね。

③の頻度について、使用頻度が高いのに入れづらい場所だと、つい「後から片付けよう」ととりあえず近くに置くことになりがちです。「ちょっと置き」が「ずっと置き」に変わり、部屋の中のあちこちに広がっていきます。

その手でさっと「所定の位置に置く」。これが整頓の極意です。使用頻度が高いものは動線を考えて、取り出しやすく片付けやすい位置を決めましょう。

④の保管量を決めるというのは、例えばストックしている消耗品などです。安いからとまとめ買いをして、決めた置き場に入りきらず別の場所に分けたとします。ですが、いつもと違う場所に置いたことで他のものに埋もれて探し出せなくなったり、本来置くはずのものが別の場所に押し出されたりして、ものが溢れていきます。そうすると、いずれ買ったことすら忘れてしまう不幸が起きます。

ものにも命が宿っていますので、使われずに忘れられることはとても寂しいと思うのです。そして、使うことなく捨てられればものの粗末にもなりますし、お金も無駄になります。

このように考えていくと、整頓するときのルールが見えてくると思います。

まずは見た目をきれいに並べるというよりは、作業効率や使用頻度を考え、元に戻すときに無理なく迷いなく行えるように配置することが重要です。その後に、見た目も美しく、と考えていくと良いでしょう。

ルールを考えるときには、誰でもすぐ分かるような規則性を持った配置を意識します。誰もが同じように戻すことができると、整理された状態がキープされますので「整頓」成功ということになります。

●整頓のポイント

整頓は、誰でも同じようにできるように考えることがポイントです。例えば、コンビニやホームセンターの商品配置を参考にしてみましょう。たくさんの商品がありますが、用途別にゾーンが分かれていて、サイズ別、素材別など限られたスペースにたくさんのものが分かりやすく配置されています。

表に出す量（今使っているもの）と倉庫の予備のストックの量も決まっていますし、その配置にも工夫があります。頻繁に使うものは取り出しやすいところへ配置し、あまり使わないものは上下に配置するなど、工夫をして空間を上手に使いましょう。

整頓は毎日その都度続けなければ、あっという間に崩れてしまいますので、誰でも簡単に続けられるような配置を工夫しましょう。

こうしてきちんと戻す場所を決めておくと、中にはあらかじめの分類に該当しないものが出てきます。このとき、「片付ける場所がないものは、本当に必要なものなのかな？」と考える機会が生まれます。また、ものを買うときの基準にもなります。

とりあえず分からないものは置き場を作り、いつまで置いておくかを決めておきましょう。情報が古くなったら使えないものもありますし、保管義務期間が決まっているものもあるので、いつまでここに置くかという期限を決めることが大切です。

そうすることで、要るものは元の場所に戻され、必要なときにいつでも取り出すことができ、不要になったものは捨てることができます。

その手で元に戻すことができれば、散らかったものを片付けるという手間はなくなります。床や机にものがない状態であれば、埃が溜まりにくく掃除も楽になります。

また、繰り返しますが人間は視覚からの情報が圧倒的に多いので、散らかっている部屋と片付いている部屋にいるのとでは、ストレスの度合いが違ってきます。もちろん片付いているほうがストレスはかかりません。

また、いつも決まったところに決まったものが入っていると、探し物をするストレスの軽減にもなります。なによりストレスが少ないと集中力が高まってミスが減り、仕事効率も上がります。

●見えないものの整頓

整頓をしっかりすれば、家族と生活している方にとっては、「誰が持って行ったの！」と相手を責める心（怒りや疑い）からくる、不信感というストレスからも解放されます。ストレスはミネラルを消費しますので、ミネラル不足を防ぐためにも片付いている状態をキープするのは大切です。第1章でも触れましたが、ミネラル不足が続くと徐々に体は蝕まれていくので要注意です。

あとは、アプリのサブスクリプションや動画の有料サイトなどに申し込んだリストなども整頓しておきましょう。「このくらいの金額なら……」と思って申し込みますが、日が経つごとに使わなくなるものが増えていきます。明細を見ても何が引き落とされているのか分からない、といったケースも多いです。

こうした契約は解約するときにパスワード等が必要だったりするので、申込時に控えて整頓しておきましょう。放置していると、少しずつ出費が重なり、目に見えない無駄遣いとなってしまいます。

また、一度決めたことは絶対ではなく、もっといい方法があるのでは？ と日々改善することで、脳も常にリフレッシュされ、人としての成長発展に繋がります。そうするとと自然にいいアイデアが溢れてくるようになるでしょう。

子どもが小さいうちは思うように片付けができず、イライラすることもありますが、完璧じゃなくても大丈夫。いつも子どもに心を向けていればそれで良いのです。

Step2

目の前にある「やるべきこと」がみえてくる。

〝水は低きに流れ、人は易きに流れる〟という言葉があります。原典は孟子の「水の低きに就く如し」からきているといわれます。

これは、安易な方向へ簡単に流れることを戒めるための言葉で、水が自然と低いほうに流れるように、人は安易なほうを選びがちであるという意味です。

「やる！」と決心したのに、「しんどいなあ」とか「いやだな」と悪魔のささやきが聞こえてきます。今日はこのくらいでいいか、今日はしなくても……などとついつい自分で自分をごまかし、楽なほうを選んでしまいます。水が低きに流れているのです。

この「つい」がくせものです。

目に見えるものなら、きちんと片付けてきれいな状態をキープしなければと、決意を新たに再スタートする思い切りがつきますが、パソコンの中だったり、ましてや自分の頭の中といったことになると、全くどうなっているのやら……。何を思って何をしようとしていたのかがぶっ飛んで分からなくなってしまいます。

パソコンの中のデータは目の前にないので、ルールを決めてきちんと整理していないと、とりあえず保存ということになり、必要なときどこに入れたのかが分からず検索して探すことになります。時間の無駄遣いです。

仕事の提出書類も、期限が分かっているのになかなか取りかからず、ギリギリになって慌てて作った経験はないでしょうか。ギリギリのほうがいい仕事ができるんだ、なんて言い訳を聞いたこともありますが、結局は準備不足であとから後悔するのです。

これをしないといけないと思うと、別のことを思い付き別のことをしたくなる。

そのとき頭の中ではもっともらしい「できない理由」を探して自分を騙すのです。

これが悪魔のささやきです。「後からでも大丈夫だよ」「なんで私がしないといけないの」「しなくてもいいんじゃない」といった声です。

人間の脳は、できることを考えようとすると、どうしたらできるかと考えるスイッチが入り、脳はできることを探します。そしてどうすればできるのかを見つけてくるのです。それが「ひらめき」です。

ですが、できないと思ってしまうと全力でできない理由を見つけてきて、思考をロックしてしまうのです。

この「ひらめき」は、集中しているときに降りてきます。集中しているときは一気に突き進めるのですが、できないときは雑念だらけ……。

とはいえ、雑念にもリズムがあるようです。人間には体内時計があり、集中しやすい時間とその後眠気がくる時間とを往復するリズムがあります。雑念にとらわれてしまったら、自分のリズムを把握してメリハリをつけるとうまくいくかもしれません。人体のサイクルとして、目覚めている90分と眠気の強い20分が交互に訪れるといわれています。だから大学の授業はだいたい90分なのでしょう。

集中ができるはずの90分に雑念が浮かぶ原因の一つは、整頓されずに気にかかる雑多なものが周りにあるからです。集中力を保つためにも整頓は必須です。

生きている時間は限られています。時間を有効に使うために毎日のちょっとした時間を貯めていき、やらなければならないことを先にしてしまうといいのです。そのとき、もっといい方法があるのではといつも考えていると、自分の中で優先順位が決まり、やるべきことが明確化されてきます。

人生は何もない平坦な道ばかりではなく、山あり谷ありです。しかし、山があれば登って景色を楽しみ、谷があれば下って美味しい水を味わえるという、様々な報酬が待っています。まるでゲームのようですね。人生もゲームと同じで、この難関を越える時に智慧が必要となるのです。智慧を絞って考えることができれば、様々なアイテムが出てきて難なくクリアしていけます。

アイテムを手にするときに気を付けないといけないのは、入ってくる情報にはフェイクが含まれているということです。フェイクを掴んだら、ここぞというときに足元をすくわれかねません。

ですから、たくさんの情報の中から何が真実で何がフェイクなのか、真実を見抜く目が必要となるのです。情報が溢れている昨今、昔は辞書を引きながら活字から得ていた情報も、ネットで簡単に検索できるようになりましたが、これは便利なようで不便でもあります。辞書を引くと調べたいと思ったこと以外の情報も同時に目に入ってきて、関連した雑学なども学べたのですが、ネットで検索すると自分の探したい情報しか入ってこず、情報が偏りやすいというデメリットがあるのです。

●知らない怖さ、情報の整頓

良かれと思ってやっていることが実は……といったことはたくさんあります。

例えば、日本は三歳までの子どもに使用される抗菌薬の使用量が世界で断トツに多い国です。使われている抗菌薬も、海外では小児に使用が認められてないような強力な薬が普通に使われていることをご存知でしょうか。

咳や鼻水が出て病院へ行くと抗生剤を処方されることが多いのですが、息子を連れていく病院の先生はこうおっしゃっていました。「子どもの咳はほとんどが鼻水だから、点鼻薬（生理食塩水）を鼻に落として鼻水を吸ってください」。最初は疑わしく思いましたが、やってみると本当に咳は治まりました。もちろん症状によっては抗生剤が必要なこともありますが、すぐに飲ませるのはナンセンスです。にもかかわらず、多くの子どもは熱や鼻水で医師からすぐに抗生剤を処方され、飲まされています。

日本ほど抗生剤を子どもに使う国はないのです。肥満や喘息、アレルギーなどの症状は、抗生剤を早くから飲ませるほどに、また、飲んだ回数が多いほどに発症しやすくなります。とくに三歳までの抗生剤の内服には要注意です。

なぜなら、腸の中の百兆個、重さにして体重の３％もいる細菌が、抗生剤によって大きな影響を受けて、細菌の種類が変わってしまうからです。

医師との相談になりますが、薬はなるべく処方しないという治療方針の医師もいます。かかりつけ医選びはとても大切です。

●乳酸菌飲料の罠

乳酸菌飲料は腸活そして免疫力アップに効くと聞き、良かれと思って子どもに毎日飲ませているお母さんたち、その中にある砂糖や人工甘味料の害を知っていますか？

とくに白砂糖。これは習慣性があって止められなくなります。精製過程でビタミンやミネラルなどの微量栄養素を失った食品です。体も冷えますし、むくみの原因になります。さらに白砂糖は、血糖値を急激に上昇・下降させるので、低血糖症の原因にもなります。キレやすい子どもたちが増えたのと、清涼飲料水の消費量が増えたのには相関関係があるのです。

さらに白砂糖はミネラル・ビタミン不足を引き起こし、鬱、疲労、眩暈、貧血、頭痛、むくみ、湿疹、脂肪肝、心疾患、呼吸器病、記憶障害といった様々な症状を招いてしまう危険をはらんでいます。

白砂糖は調理の際に使用するだけではなく、菓子類、シロップ、ジュース、ドレッシング、栄養ドリンク、乳酸菌飲料などにも多量に入っていることを忘れてはいけません。腸活は本当に重要ですが、まずは食品の中にどんなものがどれだけ入っているかをよく知るべきです。

ただし、砂糖が悪いなら砂糖不使用の商品ならいいのねと、ノンカロリーや砂糖不使用と書いてある食品を手に取るのはもっと危険です。なぜならこうした食品は、砂糖が入っていないにもかかわらず、甘味があります。実際には砂糖以上に体に悪影響のある、人工甘味料が入っている事実に気付いていません。

食品添加物として許可されている物質だからといって、油断はできません。2023年、清涼飲料水や食品などによく使われている人工甘味料「アスパルテーム」について、WHO＝世界保健機関の専門機関は「発がん性の可能性がある」という見解を示しました。科学的に合成した物質は、長く体に取り入れ続けないと本当に大丈夫なのかどうか分かりません。

良い成分が含まれた商品でも、摂り続けると体調を崩す成分がそれ以上にしっかり含まれている商品が、なんと世の中に多いことでしょう。知らなかったばっかりに、良かれと思ってやっていたことが実は体に害を及ぼしているケースが本当に多く、もったいないと思うのです。

さらに言えば、乳酸菌を一生懸命摂っているけれど、ミネラルや食物繊維はほとんど摂らずにお肉ばかりでは、せっかく入れた乳酸菌も働く環境が悪すぎて力を発揮できません。食生活全体の見直しをすることで、体質改善はうまくいくのです。

Step3 自分の心と考えを自由にコントロールできる状態にしておき、自分の心を自分で設定した目標に向けて集中しましょう。

日々、自分の頭の中をアップデートしながら生活していると、大切な情報は自然に入ってくるようになります。ただし、自分が何をしたいのか、どうなりたいのかというビジョンを明確にしておくことは必須です。行き先がわからずに海に出たら、いつまでたっても岸にはたどり着きません。まずは目的地を定め、しっかりとした自分の羅針盤をもつことが大事です。今の時代を選んでこの世に生まれてきたということは、魂は何をするべきかを本当は知っています。

人は生まれてくるときに誰でも手紙をもって生まれてくる、と何かの本で読んだことがあります。しかし、その手紙を一度も開くことなく一生を終えてしまう人が多いのだとか。自分が手にしている手紙を見るためには、常に自分の心と対話し、行動することが必要なのです。

周りの声に振り回されるのではなく、自分の心と考えに耳を傾けていると、夢や直感として、心から湧き出る衝動となって手紙に書いてあるという「生まれてきた使命」に気付きます。

頭の中がごちゃごちゃでいつもイライラしていては、ゆっくり考えることもできません。自分を人と比べ、人に何を言われるのか、どう評価されているのかということに気を使いすぎると、神経がすり減り、病気になります。

人からどう見えるかを気にするのではなく、人に今日どういう話し方をしただろうか、嫌な思いをさせなかっただろうかという反省と、どれだけ人にしてもらったかを思い出し感謝して、良かった自分を褒めてあげ、自分の未来を想像してください。このことを子どもと一緒に考えてあげてほしいのです。

人間は人にしてあげたことはいつまでも覚えているものですが、してもらったことはすぐに忘れてしまうものです。いつもしてもらっていると、いつしかそれが当たり前になってしまい、感謝できなくなってしまいます。

「してもらったことは石に刻め、してあげたことは水に流せ」と、私も昔祖父に言われていました。子どもにもよく言い聞かせています。

してもらったことを忘れずにいると、いつもなんて恵まれているのか、こんなにしてもらってありがとうという感謝の気持ちが心を満たします。

感謝で満たされていると人間の気は淀みません。逆に、こちらがしてあげたことをいつまでも覚えていると、「あのときこんなにしてあげたのに」という不満が出てきます。この思いは身体を蝕み、一歩また一歩と病気へ近づいていきます。

人間、一人では決して生きていけません。太陽の恵み、雨の恵み、動植物、人とのご縁など、たくさんの人やものと関わり、そのお陰で生きているのです。

一日一回でもそのことに思いを馳せたなら、日常の不満はちっぽけなものと感じられるようになります。そこまで来たら、自分の心のコントロールはお手のものです。

人間ですから、一時的に怒りや悲しみの感情は湧いて当然です。喜怒哀楽の感情を味わって楽しむために今世人間として地球にいるのですから、その感情もしっかり味わってください。

ただし、マイナスの感情を引きずると体も心も痛んできます。しっかり味わったらさっと手放して、ニュートラルな状態にすぐに戻りましょう。

自分の行き先を設定したら、そこに向かって進むために重たい邪魔な感情はさっと手放すのです。そうすれば、推進力が上がり全速力で航海できます。

目的地が定まっていなければ難破してしまいますので、自分のやりたいことリストを作って自分を分析し、目的地を定めましょう。

大きな目標が見つからなくても大丈夫。目の前に小さな目標を見つけ、達成したらまた次の目標を見つけても全然かまいません。今日一日楽しく過ごすという目標、笑顔を極めるという目標、「ありがとう」と一日10回言う目標、言われる目標など何でもいいのです。

我が家の三男はちょっとしたことで腹を立てるので、今年の目標として「怒らない」と書き初めをして部屋に貼ってあります。腹が立った時、それを指さして、今年の目標だよ、頑張れ！　と声かけをしています。

人生の目標はそれぞれですし、今回の人生のテーマもみんな違うのです。そして、みんな航海の途中ですから、正解はありません。みんな違ってそれでいいのです。マイペースに毎日ちょこっとだけ、こんなことを子どもに話してみてください。

第3章

清掃

(Seiso)

清掃とは、きれいに掃除すること。
さっぱりとはらい除くこと。

【広辞苑より】

子どもたちは散らかしの天才です。掃除となると四角い所を丸く、丸い所を四角く掃くので、追いかけてやり直しといったことが、我が家ではよくあります。

そうしたときは、キーッとならないように一旦深呼吸をして心を落ち着けましょう。子どもたちに、「清掃とは何をきれいにしているのか」「それが何に結びつくのか」ということを、根気強く話しながら一緒に掃除していると、母の教えは子どもの心にしっかり残っていきます。大人になって何かにつまずいたとき、きっと「お母さんありがとう」と心の底から思う日がやってきます。母の偉大さは大人になるまで分かりませんからね。

Step1

清掃は心を整理し、取り扱っている物や機械への感謝とわがままを捨てる最短コース。

そもそも、掃除とはなぜ必要なのでしょうか。

まずは健康上の理由。いつも不潔で不衛生なところにいては、病気になります。家の中が埃っぽいと喘息やアレルギーのリスクは上がります。お風呂や洗面所、キッチンにカビがある状態は決して健康にいい環境ではありません。そして、物理的な公衆衛生だけでなく、精神衛生にも影響が出てきます。

社会人であれば、一日の3分の2から半分は家で、一日の3分の1から約半分を職場で過ごしていますから、その家や職場が埃っぽくゴミゴミしていると、朝から「今日も一日がんばろう」とは思わないでしょう。

ましてや職場の場合、お客様の立場になったら、散らかった仕事場では「こんなところで作られたものには何が入っているか分からない」と思うでしょうし、事務所であっても「信用できない」とレッテルを貼られてしまうことは容易に想像できます。そのような環境で仕事をしている会社では、噂が徐々に広がり信用は失われていきます。人の噂に戸は立てられません。

顔に泥がついた状態を何日もそのままにしておいて、一カ月に一回きれいにするからその日までおいておく人がいるでしょうか。その場ですぐに汚れを落としますよね。

時間が経ってこびりついてしまっては汚れを落とすにも時間がかかり、手間もかかります。人も会社も同じです。それが泥ではないにしろ、その場ですぐに対処して、汚れを落とすなり、ごみを取り除くなりをいつも行っていれば、改めての清掃の時間はいつも手が届かないところを重点的にきれいにするだけでよくなるのです。

即行動を起こせるように、掃除道具の置き場の工夫、散らかる根本原因への対処を考え、効率よく動けるような配置などの心配りをしておきましょう。

●きれいだと心も晴れる

いつもきれいな家や職場であれば、気持ちよく仕事をすることができ、また、汚さないようにという気持ちも育ちます。毎日整理、整頓、清掃までを習慣にすると、心も晴れやかでいられます。そうすれば自分たちの携わるものにも愛情が湧いてきて、大事に扱う気持ちが育ってきます。

気付いたときにきれいにすれば、掃除の時間を長くとる必要もありません。

ラジオで年末でも大掃除をしないという方の話を聞いたとき、私は最初、驚きました。でもその方いわく、毎日さっと掃除をし、日々気になるところをルーティーンできれいにしておけば、改めて大掃除といってもすることがないのだそうです。

●ゴミ拾いは、福拾い

最近は各地でゴミ拾いの活動をされる方が増えてきました。本当に素晴らしいことです。「ゴミ拾いは、福拾い」と言います。ポイ捨てゴミを見つけるたびに徳を積むチャンスを頂き、拾うとそこで福を拾うことができるのです。

インターネットリサーチを手掛ける株式会社NEXERという会社が2019年5月に1810人を対象として「ポイ捨てされている風景を見てどう思いますか」というアンケートを取った結果、80％以上の方が「不快」と答えています。ポイ捨ては見ただけで人を不快にさせるのです。これは視覚情報がいかに気持ちに影響を与えるかということに繋がります。

ゴミはゴミ箱に入れる、もしゴミ箱が無ければ持って帰るという感覚が無い方が、ポイ捨てをするのかもしれません。ポイ捨てというのは自分の福を投げ捨てている行為なので、十分に気を付けたいものです。

私の経営する会社では、毎月地域清掃活動をしているのですが、子どもたちとも一緒にしておきたいなと思い、保育園に通っている頃は、時々ごみを拾いながら登園していました。すれ違う方に、「偉いね」と声を掛けられるとモチベーションが上がり、子どもたちも喜んでゴミ拾いをするのです。ポイ捨てで一番多いのは何といってもタバコの吸い殻です。車からの投げ捨て、歩きタバコで投げ捨てをするので道端に多いのでしょう。本人はポイ捨てという感覚がないのかもしれませんが、これは自分の福を投げ捨てる自殺行為に他なりません。

次にガムの包み紙など、お菓子の袋の破片です。小さいからいいだろうと思うのかもしれませんが、大小の問題ではありません。大きくなった息子たちは、道端のごみを見るとさっと拾ってくれる子に育ってくれました。

●祭りのあと

先日、博多祇園山笠での裏話が載ったレターを読みました。その中に、山笠のクライマックスである追い山(7月15日早朝)が終わった後は沿道のゴミがすごく、ボランティアの方が掃除をされていると書かれていました。また、筥崎宮放生会《はこざきぐうほうじょうや》の後も、細い路地に面した住宅前がゴミの山となり大変迷惑しているそうです。

私の経営する会社のアスファルトの駐車場では時々、山盛りのタバコの吸い殻が、車のドアを開けて灰皿をひっくり返した形で丸ごと捨てられていることがあります。

大量の福をそこに置いていってくれているのです。

ポイ捨てをして知らず知らずのうちに自分の福を捨て、運気を落としてしまうのか、気付いて拾って福をもらい運気を上げるのか、どちらが良いでしょうか。

何事に対してもこのような気持ちで接していくと、人との摩擦は自然に消えていき、自分の心も洗われてきれいになっていくことでしょう。

●掃除の心

掃除をするときの心持ちにも同じことが言えます。

きれいにしようと思い掃除をしていると、だんだんと無心になっていきます。掃除しろと言われたから、規則だから仕方なくという思いで掃除をしていると、その掃除は形だけ、しているつもりの時間つぶしの掃除となってしまいます。そのときの頭の中を覗いてみると、雑念と不平不満の渦。埃がそこにあったとしても、きれいにしようという心がなければ、埃はその人の目には入ってきませんので、当然取り残します。

ところが、「隅から隅までぴかぴかにするぞ！」という心を持てば、普段は気にならないようなところまでもが目に飛び込んできて、どんどん掃除をしたくなるのです。

同じことをするのでも、心をどこに置いて物事に取り組むのかで大きな違いが出てきます。無心になるということは、座禅を組んだり、瞑想をしているのと同じです。それによって新しいアイデアやひらめきが降ってくることもあるのです。

反対に、不平不満の時間を積もらせていけばどうなるでしょう。こう考えると、たかが掃除、されど掃除。心一つで人生に大きな違いが出てくることは明らかです。

Step2

清掃を通じて見えてくるもの。

最近、パソコンのバックアップに時間がかかりすぎていて、データが重たくなったのかな？　くらいにしか考えていなかったのですが、パソコン本体が熱を持ち、酸欠を訴える瀕死の状態だったことがわかりました。原因はファンが回らなくなるほどたくさんの埃が溜まっていたせいでした。埃をきれいに取り除くと、バックアップの時間は半減しました。

もう少しでパソコンがだめになり、データを消失する大事件が起こるところでした。目の前の現象の裏には何かがあるという事を気付かせてもらいました。

業務を始める前には「今日も一日よろしくね」、終わった後には「今日も一日ありがとう」と感謝の言葉をかけてあげると、機械にも愛情が湧いてくるので扱い方が変わります。ちょっとした変調にも気付くことができ、早めに対応できるようになり、長く使うことができます。

掃除は時間の長さではなく、どんな気持ちで取り組んでいるかに大きな意味があり、ただ一所懸命に、無心で打ち込んでいる方にだけご褒美があるものです。

職場も家庭も地域も綺麗にすると同時に、その掃除に携わったことによって、必ず人間の気持ちも清々しくなっています。目の前の場と心、その両方に大きな効果をもたらす行為、清掃にはそういう効果があるようです。

このように掃除に限らず、掃除を通して一般の仕事についても、気配りだとか、気付き、意義、あるいは世の中の仕事に対する態度についての気付きや、世の中との繋がりなど、だんだん広い視野でものが見えるようになっていきます。

●心身一如

第1章でも少し触れましたが、この言葉の語源は道元（曹洞宗の開祖）の言われた「身心一如」とも、栄西が言われた「心身一如」とも言われています。心が先か、体が先かと議論はあるようですが、一如とは真理は一つであるという意味で、心と体は別々の物ではなく、同じものというのです。ですから、心の不調が体の症状に影響したり、体の不調が心の不調を招いたりするということです。

心は脳に限らず内臓や他の機能と密接に関連しています。では、心はどこにあるのでしょう。五臓（肝・心・脾・肺・腎）六腑（胆・小腸・胃・大腸・膀胱・三焦）に心は出てきません。脳にあるのか、丹田にあるのか……心が人体のどこにあるのかの議論は、昔から行われていました。

古代のエジプト人やユダヤ人は心臓や肝臓にあると考えていたようですし、西洋の哲学者アリストテレスは胸（心臓）にあると考えました。好きな人を想像すると胸がドキドキするからでしょうか。

また、ギリシャの哲学者プラトンは、叡智の心は頭の中にあるとして、脳は精神作用の源であると唱えていました。医術の祖ヒポクラテスも同様に、心は脳にあると考えました。

そもそも、心という臓器はなく、心と体の境目もありません。ただ、心と体はいつもリンクしていて、心が弱ると体調を悪くし、体調が悪くなると心も弱り、ポジティブに考えるのが難しくなったりするのも事実です。

医学は発達し、医療も充実しているのに病気が増えていく現代、何かがおかしいと感じませんか？

身体だけ、心だけと狭い範囲でものを見るのではなく、すべてのものが繋がっていると捉える。自分の目に映るもの、目の前で起こることから、心の状態を観察し心の清掃に繋がっていけば、体も楽になっていくのではないかと思うのです。

●心と身体はつながっている

ストレスで胃潰瘍になったという話は誰しも聞いたことがありますよね。ストレスとは、外から刺激を受けたときに生じる緊張状態のことで、天候や騒音などの環境的要因、重労働、病気、睡眠不足などの身体的要因、不安や悩みなどの心理的要因、そして人間関係がうまくいかない、仕事が忙しいなどの社会的要因があります。

昔の人は、洗濯機もない、掃除機もない、炊飯器もＩＨ調理器もないので日常が重労働、そして病院にも行けない等身体的ストレスは大きかったと思います。それに加えて農作業などをしていたのですから本当にすごいです。

そのストレスを軽減させるために、田植えの時には早乙女《さおとめ》（田植え働きをする女性たち）が田植え歌を歌いながら田植えをし、木こりは木こり歌を歌いながら作業をしていました。そうすることで周りとコミュニケーションをとりつつ、楽しみながら重労働を乗り越えていたのです。

人間はきつくなったら歌ったり踊ったりすると悲しみやつらさが軽減されるのですが、昔の人は経験でこのことをよく知っていたのでしょう。

現代は、身体的なストレスより心理的、社会的なストレスが多くなっていますが、早乙女たちのように歌いながらデスクワークや営業はなかなかできません。同じような発散方法はちょっと難しいです。

厚生労働省が行っている「労働者健康状況調査」によれば、「仕事や職業生活でストレスを感じている」労働者の割合は、59・5％（2016年）、58・3％（2017年）、58・0％（2018年）、54・2％（2020年）、53・3％（2021年）と推移しており、働く人の約半数はストレスを感じながら仕事をしているというのです。このストレスが発散できずに胃潰瘍になったりと、人々は体に異常をきたしているのです。

ちなみに、胃潰瘍になると胃酸を抑えて潰瘍が治るようにするお薬を出されることがほとんどです。まるで胃酸は悪者と言わんばかりです。最近はドラッグストアでも胃酸を抑える薬が売られるほど、胃潰瘍の人が増えています。しかし、本当に胃酸は悪者なのでしょうか？

私たちの胃の中では、食べたものを消化したり侵入してきた細菌を殺すために、胃酸や消化酵素を含んだ胃液が分泌されます。このとき、胃酸から自分の胃粘膜を保護するために粘液も同時に分泌されますが、ストレスなどにより自律神経が乱れると、このバランスが保てなくなります。

また、喫煙や飲酒によって胃粘膜の血流が悪くなり、胃潰瘍になる場合もあります。胃の中に生息するヘリコバクター・ピロリ菌が潰瘍を起こしやすくするともいわれています。

このように症状の原因は様々ですが、そもそも心身がバランスを失わなければ潰瘍などできることはありません。心がストレスを感じると、バランスを保つためにうまくコントロールしている器官がおかしくなり、病気になるというわけです。

●ストレスが多くなった理由

多くの方がストレスを感じるようになった大きな原因は、食生活にあります。

体は食べたもので作られています。どんなものを食べるかで、体だけではなく思考までもが変わってくるのです。有害な添加物が多い食品といえば、コンビニ弁当やカップ麺、ファストフードなどと思うでしょうが、意外な有害食品もたくさんあります。前述した、お水の代わりに飲んでいる清涼飲料水、だし入り味噌、醤油風調味料、時短料理をするためのカット野菜、健康志向だからと手にとった惣菜売り場の筑前煮など……。

成分の表示があればまだ気を付けられるのですが、微量すぎて表示されていない添加物がたくさん入っている食品も数多くあります。どれも日頃スーパーでたくさん売られているものばかりです。これらを食べ続けていると、塩分、糖分、脂分の摂りすぎで味覚が鈍ってしまいますし、身体のバランスをとる器官が調節不能になり病気になっていくのです。

口に入れるものに何が入っているのか、そして、知らずに体に添加物を入れることが無いように、食品表示を見てから食材を選ぶように気を付けましょう。

身体が病むと心も病む、体調が悪いとちょっとしたことが気に障ったり、イライラしてストレスを感じるようになってしまうものです。心が病むと自律神経がうまく働かなくなり、体が本来のバランスを失い病んでいきます。まさに悪循環です。

現代社会で完全に添加物を摂らないで生活していくのは、とても難しいことです。例えば、多くのソーセージやハムなどの加工肉には亜硝酸ナトリウムという添加物が入っていますし、賞味期限を伸ばすことができる保存料としてソルビン酸も使われています。アイスクリームやジュースなどには増粘安定剤、果糖ブドウ糖液など、加工食品の多くには発色剤、保存料、甘味料などが複数入っています。

これらは体にとって不要な化学合成品のため、体内で吸収されて栄養になることはありません。むしろ体外に排除しなければいけないため、肝臓や腎臓の負担が増えてしまうのです。

私たちの体は取り込んだ栄養素を肝臓で作り変えているのですが、それに加えてこうした添加物を排除する仕事がどんどん増えていくと、肝臓が弱り、免疫力の低下、血液の汚染、腸内の腐敗などが起きてしまうのです。

私たちは気を付けさえすれば、添加物をなるべく少なくすることができます。そして、玄関を毎日掃除するのと同じように、毎日身体に入ってくる不要なごみを出せる体づくりが重要です。

ストレスはビタミンやミネラルを大量に消費します。例えばコルチゾール（抗ストレスホルモン）を作るためにビタミンCが大量に消費され、お酒を飲めば肝臓でアルコールを分解するためにビタミンB群が大量に使われます。

ビタミンB12の中には、コバルトというミネラルが含まれています。有害成分の無毒化をするために、モリブデンの排泄など代謝に係る重要な役割を果たしています。その他にも、普段の生活の中でビタミン・ミネラルが大量に消費される場面は数多くあります。

ですから、なるべく多くの種類のビタミン・ミネラルが摂れるように、なるべく無農薬のお野菜を買ってきて、自分で調理するよう心掛けたいものです。

Step3

心の清掃　身勝手な考えや言葉、行動を心から掃き出す。心持　穢れの祓い。

「身口意《しんくい》」と言う言葉を聞いたことがありますか？

身口意とは仏教の言葉で、身（行動）、口（言葉）、意（心・思い）のことを指します。私たち人間の行いはこの身口意で成り立っています。日々を心地よく過ごしていくためには、この身口意を一致させることが重要になるのです。

身口意を一致させることができれば不安やストレスが無くなり、心も体も思った通りの状態になっていくのです。「不満やストレスでいっぱい」とか「願いが叶わない」といった人の多くは、そもそも身口意がバラバラなのです。

本当の自分が、思っていることとやっていること、言っていることのギャップに気付いているからこそ、ストレスを感じているのだと思います。だからこそ、「行動・言葉・思い」を一致させることができれば不安やストレスが無くなり、健康に過ごすことができ、自分の思いを叶えられるのです。

そして、今目の前で起きている状況は自分の「身口意」の積み重ねでできあがったものと自覚してください。何を思い、どんな言葉を使い、どんな行動をしてきたのかを振り返ってみると、今に繋がる身口意があることに気付くのではないでしょうか。

これに気付けば日々発する言葉や行動が変わり、思い通りの人生を形作っていくことができます。私自身も子どもにもこのことを常々話しつつ、「心育ての子育て」となるよう自分自身も心掛けています。

行動と言葉、思いを一致させていくために、日々の暮らしの中で、心掛けたいことを説いてあるものに、十善戒というものがあります。

〈十善戒〉

不《ふ》殺生《せっしょう》　むやみに生き物を傷つけない
不《ふ》偸盗《ちゅうとう》　ものを盗まない
不《ふ》邪婬《じゃいん》　男女の道を乱さない
不《ふ》妄語《もうご》　うそをつかない
不《ふ》綺語《きご》　無意味なおしゃべりをしない

不《ふ》悪口《あっく》　乱暴なことばを使わない
不《ふ》両舌《りょうぜつ》　筋の通らないことを言わない
不《ふ》慳貪《けんどん》　欲深いことをしない
不《ふ》瞋恚《しんに》　耐え忍んで怒らない
不《ふ》邪見《じゃけん》　まちがった考え方をしない

この10個の項目を身口意に分けると、

身《しん》　身体の行い……不殺生　不偸盗　不邪婬

口《く》　言葉の行い……不妄語　不綺語　不悪口　不両舌

意《い》　心の行い………不慳貪　不瞋恚　不邪見

となります。

「むやみに生き物を傷つけないこと」とは命の大切さ、命の尊厳を守ることに繋がります。「ものを盗まない」とは、倫理的・道徳的に反社会的行為であるためなのはもちろん、盗まれた方の口惜しさと怒りの念を一心に受けるというダメージもあります。

「男女の道を乱さない」とは、不倫はもちろんのこと、女性を妊娠させて音信不通になるとか、不特定多数の人と交わるとか、DVなどで相手を泣かせたり恨みを買うような行為もそうです。お互いを尊敬し合っていればこのようなトラブルは起きません。男女のトラブルは子々孫々まで怨念が続くとも言われています。

「うそをつかない」「無意味なおしゃべりをしない」「乱暴なことばを使わない」。言葉の行いは、必ずブーメランのように自分に返ってきて自分が一番傷つくので、このような戒めがあるのです。人の悪口を10人で聞けば10分の1になるという事はありません。おしゃべりしている時に悪口が始まったらその場からすぐさま抜け出してください。ただ聞いているだけでも、自分へのダメージは発生してしまいます。

「欲深いことをしない」とは、欲深くなると今目の前にあるものが見えなくなるということです。白隠禅師座禅和讃にも出てきますが、水の中にいて喉が渇いたと叫んでるようなもの、お金持ちの家に生まれたのに、貧しい里に行って乞食をして、あちこち歩き回っているようなものです。

「今を耐え忍んで怒らない」とは、必ず春は来るのに、「どうして冬は寒いのだ」と怒っているようなもの。冬には、次の春が来たら種を蒔くために土作りをするなど、やるべきことがあるはずです。怒りは一瞬にして体に毒をまき散らし痛めつけていくので、心穏やかに待つことです。

「間違った考え方をしない」とは、物事を一方向からしか見なければ、自分目線でしか物事を捉えることができず、不満ばかりが募るけれど、立場を変え一歩離れて見たならば、自分の考えがすべてではないことが見えてくるということです。
心に積もっていく小さな不満や苛立ちは、心の電池を消耗していきます。

十善戒を意識することで心のごみを日々掃き出すこと、あわせて神社やお寺で手を合わせることで知らずに受けた念などを祓ってもらうことも大事だと思います。神社で祝詞を奏上し、玉串奉納（神社で神前に榊をお供えするもの）するのは消耗した電池を充電するようなものです。そして手を合わせることは身体のエネルギーをうまく循環させ、怒りが静まる効用もあるのです。

怒ったときがあったら、神社で拝むように両手を合わせてから文句を言ってみてください。不思議と怒りのトーンが下がってきます。

このように、目の前の掃除でただひたすら美しくすることに、自分の全ての気持ちを込め、掃除をする前と、掃除をした後との違いを感じてみてください。そうすればそこに大きな意味が見えてくるはずです。こういう毎日の心掛けで、心の清掃を続けていると、すべてのことは奇跡の連続。心から感謝できる時間で満たされるようになってきます。

人間ですから、ときにはそう思えず感情が爆発することもあると思いますが、たくさんの感情を味わうのはいいことです。しっかり感情を味わって、さっと手放せるよう、このことを知っていてほしいのです。

穏やかな心であり続けなければいけないということはありません。自分を縛らず、ゆるっと行うくらいの気持ちでいれば、人生はとても豊かなものに変わっていくのだと思います。

第4章
清潔
(Seiketsu)

清潔とは、よごれがなくきれいなこと。衛生的なこと。また、人格や品行がきよくいさぎよいこと。

【広辞苑より】

一般的な5Sでいう「清潔」とは、整理、整頓ができて、清掃が行き届いた状態をキープするための行為だとされています。

部屋の状態でいうと、整理整頓されており、掃除が行き届いた状態であれば間違いないですよね。職場も家庭も美しく保つ。それが理想です。

しかし、ここで大事なのは目で見える箇所の清潔だけでなく、見えていない体の中の清潔を保つ、ということです。これができれば病気知らずの体も手に入れられます。

病気は「体の中が汚れてきている」というサインです。子どもは言葉や態度で日々小さなサインを発しています。これを見逃さないよう、親としていつも体の清潔を保ちましょう。

Step1

服装や身だしなみを整えることにより、自分の心と他人の心を和ませる。

人の第一印象は3秒で決まる、といわれています。

メラビアンの法則では他人からの印象を決める要素について「視覚情報」が55％、「聴覚情報」が38％、「話の内容」が７％、とされています。話している人の表情やジェスチャーまで考えると、目から入ってくる情報がなんと90％以上もあるのです。

まずは目に見えるところから服装、身だしなみを整えましょう。それができれば、自分の心も人の心も和ませることができます。

●身だしなみの第一歩は清潔感

「清潔感のある人」という表現がよくされますが、具体的にどういうことなのでしょうか？　私なりに考えてみました。

清潔とは、汚れがなくきれいなこと。では、衛生的であれば清潔感があるということなのでしょうか？　それだけではない気がします。

服のサイズが合っている ⇕ 合っていない
洗濯されてアイロンがきいている ⇕ しわくちゃ
お風呂に毎日入っている ⇕ 何日も入っていない

髪がきれいに整っている ⇕ 髪がボサボサ

靴にかかとを踏んだ後がない ⇕ かかとを踏んでいる（踏んだ後がついている）

など、さわやかな「清潔」のイメージは前者でしょう。人とのコミュニケーションをはじめ、言葉を交わすより前の段階は、なんといっても第一印象が決め手です。言語情報は相手に対してたった7％しか影響を与えていません。

身だしなみとは、相手に不快感を与えないことです。ですからTPOに合わせた格好が必須です。普段の生活でそんなに身だしなみにこだわらなくてもと思うかもしれませんが、親しき中にも礼儀ありと言います。親しい友人でも一緒に歩くことが恥ずかしいと思われてしまうことのないよう、ある程度の身だしなみには心を配る必要があります。

一つのポイントは、だらしなさがないこと。例えば洋服の首元や袖が汚れていたり、しわしわの服だったり、ズボンの裾や靴のかかとを踏んでいるなど、だらしない服装をしていると、おしゃれをしていても身だしなみが整っているとは言えません。

最近はわざとルーズにするようなファッションもあるようですが、清潔感があるとは言い難いものがあります。特に仕事モードであれば、いくらファッションとはいえNGです。

さらに、爪が伸びすぎている、ネイルが剥がれかけている、唇が乾燥している、眉毛の手入れができていない、髪の毛がぼさぼさなど、油断しているとだらしなく見えてしまうポイントはたくさんあります。清潔感のある人とは、そういった基本的な清潔感を大切にしている人なのだと思います。ここまでで、まずは見た目が重要ということはよくわかってもらえたと思います。高価な服を着るべきという話ではなく、清潔感のある服装で身だしなみを整えておく、ということです。

子どもたちに限ったことではありませんが、悪い人たちに声を掛けられないためにも、服装がきちんとしているほうがいいですね。

視覚情報が与える影響は全体の55％ということを念頭に、笑顔で話をすることを心掛けましょう。笑顔で話すのと無表情で話すのとでは、印象がまるで違います。私は仕事柄きついことも言わなければいけないシーンがあるのですが、にっこり笑って優しく厳しいことを言います。そうすると後からずんと来るのだけれど、言われている時に嫌な気がしないのが不思議ですと言われます。笑顔には、そんな不思議な効果もあるようです。

●聴覚情報について

またメラビアンの法則に戻ると、話すスピードや声のトーンなど聴覚情報が与える影響は38％あります。穏やかに話すか怒鳴るか、高い声か低い声か、話し方の違いで、同じ内容でも相手への伝わり方は変わるのです。普段話す時の声の高さなどは自分では考えたこともないかもしれませんが、話す声の高さは意外と大切です。

例えば、朝、学校や会社で「おはよう！」の挨拶が大きくて高いと元気が良いな、テンション高いなぁ、何か良いことでもあったのかなと思います。しかし、もし小さくて低いと、調子でも悪いのかな？　と心配になってしまいます。

第一印象は3秒で決まると言いますが、決まった印象を次の3秒で取り戻すことはできません。最初から笑顔と明るい声で接するとパワフルで前向きな印象が強く残ります。特に初対面の時には見た目と共に声の印象も良くしたいものです。

ちなみに、ドレミの「ラ」の高さが高すぎず低すぎず、相手が心地よく聞こえる高さなのだそうです。

この「ラ」の音は、NHKなどの時報の音です。また、産まれたときの赤ちゃんの最初の産声は、世界共通で「ラ」の音だといわれています。

「ドレミファソラシ」の音名は、ドイツ語だと「CDEFGAH」です。すると、「ラ」の音は「A」となります。

考えてみると、この「ラ」の音は様々なシチュエーションで基準となっています。ギターなどのチューニングや音叉、ピアノの調律、すべてラをベースにします。こう考えると「ラ」という音は「すべての始まりの音」と言っても過言ではない気がします。だから「ド」ではなく「ラ」が「A」であるというのも納得してしまいました。

ただし、そうはいっても真面目な話をしているときなどはちょっと低く落ち着いた声色にしたり、TPOに合わせて声のトーンを使い分けてください。

話の内容はもちろん重要ですが、声による印象の違いはとても大きいのです。また、人によって話術の得手不得手はありますが、話の内容、言葉の意味を指す言語情報が与える影響はわずか7%と、そう大きな影響はありません。ただし前章でも述べたように、言葉は人に対する影響よりも自分に対する影響が大きいので注意は必要です。

話をしている時の表情や声のトーンでも好印象を与えられますが、スムーズなコミュニケーションには、口、耳、目で受け取る情報すべてに矛盾がなく、バランスが取れていることが必要なのです。何事においても、バランスが重要ですね。リラックスしてニコニコと笑顔で話すというのが、相手と自分の双方にとっていいコミュニケーションをとる秘訣です。

Step2

見えない心と体の清潔。

目に見えているところが散らかっていたり汚れていたりすると、ああ、掃除しなくては、片付けなくては……と思いますよね。ただ、見えないところのゴミはどうでしょう。

見えないところと言えば、ベッドの下、ピアノの下、タンスの裏側などを想像したでしょうか？　ここなら埃が溜まっていると予想できているので動かして掃除をすると思うのですが、もっと見えていないところ、そう、体の中はどうでしょう。

体の中のゴミって何のこと？　と思ったかもしれません。

無意識かもしれませんが、私たちは毎日大量の添加物を口にしています。繰り返しになりますが、お水やお茶の代わりに清涼飲料水やジュースを飲んでいると、とても危険です。

そして、コンビニ弁当にスーパーのお惣菜、ファミリーレストランの食事、お弁当のミートボール……健康効果をうたうサプリメントや乳酸菌飲料などにも、添加物が大量に入っている場合があります。

健康に気を使う消費者のため、減塩の調味料、糖質カット、砂糖不使用など様々な商品が売られていますが、減塩するために何を入れているのでしょうか？　砂糖が入っていないのにどうして甘いのでしょうか？　一度考えてみてください。

本来、味噌や醤油、漬物は、塩分が含まれているため保存食とされていました。そして、味噌も醤油も作るのに時間と手間がとてもかかります。消費者に喜んでもらうために、より安く早く提供しようとメーカーは努力しているのでしょうが、結果として食材が自然本来の姿からどんどん離れていき、本当の日本の伝統食ではなくなっているものも多くあります。

お味噌汁の出汁もかつての家庭ではいりこや昆布、鰹節などから手間をかけてとっていたのが、今では出汁入り味噌という商品もあります。こうした製品の成分表示をよく見ると、カタカナで書いている物質があるはずです。

例えば、昆布、椎茸だけではなくグルタミン酸とか、砂糖ではなくサッカリンとかアスパルテーム、塩ではなく塩化ナトリウムとかソルビン酸など、家の台所には存在しないカタカナ表記の添加物がいくつも含まれている食材があります。それだけでなく、添加物は一括表示してよい場合もあり、全部書かれているわけではありません。実際に何が入っているかは消費者にはわからないのです。

こうして、健康に気を使っているつもりで体の中にゴミを溜めているのです。まずはこの入ってくるゴミを減らしていくことが体の中の清潔を保ちます。

食品を買うときは必ずラベルの成分表示を見て、違和感のある物質がなるべく少ないものを選ぶ。ジュースではなくお水や家で作ったお茶を飲む。緑茶も気を付けて買ってください。原料は茶葉だけと思いきや、着色料、アミノ酸等が入った製品もあります。

アミノ酸とは、鰹節や昆布などに含まれるうま味成分を化学的に抽出・合成したものので、体にいいものだから大丈夫と思ってしまいがちですが、自然の食品に含まれる成分とは違うのです。天然のグルタミン酸（アミノ酸の一つ）は、消化器系でゆっくりと消化されます。一方で添加物のグルタミン酸は、グルタミン酸ナトリウムとして存在しますので、水に溶けやすく、体に吸収されやすいといわれています。

添加物のアミノ酸の安全性は、専門家でも意見が分かれるところですが、世界の様々な研究で安全性が認められている一方で、過剰摂取による危険性も問題視されています。添加物のグルタミン酸ナトリウムを大量に摂取すると神経細胞に影響し、頭痛や手足のしびれ、のぼせなどの症状が起こるといわれています。

また、動物実験では肝臓がんや大腸がんなどが発生したという報告もあります。アメリカでは、ベビーフードにグルタミン酸ナトリウムの使用が禁止されていますが、日本では安全な調味料として広く使用されています。アミノ酸は様々な加工食品に使用されているため、自分では気が付かないうちに多くの量を摂取している可能性があり、注意が必要です。

ただし、毎日きちんと手作りができれば素敵なのですが、忙しいお母さんにはレトルトやお惣菜も必要です。もちろん私もよくお世話になります。そのため最低限、醤油と味噌、塩、みりんだけは厳選した本物を使っています。

人間の体はよくできているので、入ってきたゴミは必ず外に出そうとします。そこで活躍するのが腸内細菌。腸の中にはバリア機能があり、血液中に入っていいものと困るものを分別してくれるのですが、食品添加物が多すぎてこのバリアが正常に働かなくなっている人が増えているのです。

そうすると体の中の「きれい」は保たれなくなり、血液中にゴミが入り、腎臓や肝臓が一生懸命、ゴミを出そうと頑張ります。

食べ物を口に入れてから排泄するまでの間、体の中では様々な体内酵素が活躍し、消化・吸収・解毒をしているのですが、酵素の中心になるミネラルが圧倒的に足りていないと十分な仕事ができません。ガソリンがないのに車を走らせようとしているのと同じ状態なのです。

とはいえ、現実の私の料理はとっても手抜きです。そのため私は入ってしまったゴミが出せるように、健やかな体をキープできるように、自社で販売しているサプリメントを飲んでいます。どんなに頑張っても不足してしまうミネラルを補うために私の母が作ったこのサプリメントのおかげで、３人の子どもを授かったといっても過言ではありません。子どもを守りたいと願う母の愛が作った奇跡のサプリメントを、今は親子三代で一緒に飲んでいます。

そのおかげで、今私はあれはダメこれはダメと言わずに、手抜きしつつ安心した毎日を過ごせています。

毒を食べているという自覚を持つと、食べてしまった毒はなるべく早く出したいと考えるようになります。だから一日の帳尻を合わせるためにサプリメントを使うのです。自社以外のサプリメントを手にする時も、私はどこの国の材料を使っているか、その植物の性質は何かを、陰陽五行で考えます。

そして最後は剤型《ざいけい》。これは原材料を商品にするまでにどれだけ加工されているか、命から離れていないかということを考え、取り入れるか手放すかを判断しています。

もし体の不調や言動が乱れ、心も乱れてきた時は「からだの中が汚れてきているよ」というサインです。小さなサインを見逃さないように気を付けておきましょう。

お母さんは自分だけでなく、子どもたちやパートナーの家庭医ですから、知らずに体を汚さないよう、良いものを見分ける目を養い、心と体のきれいを保つための情報収集を怠りなく行いましょう。

Step3 清らかで思いやりのある心は幸運を引き寄せる磁石。磁力を最大にしておきましょう。

「整理」の章で少し触れましたが、ここで「アハ体験」について紹介します。

「アハ体験」とは、ドイツの心理学者カール・ビューラーが提唱した心理学上の概念で、ドイツ語で「Aha-Erlebnis」といいます。

「Aha」とは「なるほど！」「へぇー！」という感嘆詞。「Erlebnis」は「経験や体験」を意味します。

「ああ、そうか！」とひらめいて、大きな喜びを抱く感覚で、〝偶然の幸福を手に入れる力〟「セレンディピティ」ともいえます。例えば、ニュートンが木から落ちるリンゴを見て万有引力の法則を発見した体験のことです。

ニュートンと言われると、世紀の大発見だけが「アハ体験」だと思うかもしれませんが、そうではありません。この体験は誰でも日常的にあります。

例えば、到底解けないような数学の問題に必死に向き合い続けていて、ふっとひらめいて解法が分かった時や、恋人の誕生日にどんなプレゼントを贈ろうかずっと悩んでいて、お風呂に入っている時にこれだ！ と良いアイデアが浮かんだときなど、「アハ体験」は普通の人の日常に潜んでいます。

人が「アハ体験」を得ると、０・１秒ほどの短い時間に、脳の神経細胞が一斉に活動して、世界の見え方が変わってしまいます。神経細胞が繋ぎかわって、「一発学習」が完了し、今までと違った自分になってしまうのです。この体験は、どうしてだろう？ と「なぜなぜモード」に入って考えているときに、ふとリラックスして自然体になった瞬間に起こるのです。

ひらめきに付随する「アハ体験」とドーパミンの神経相関やセレンディピティの研究は各国で行われており、これらを引き寄せるためには、脳をリラックス状態にしておく必要があると発表されています。

自然体とは、子どもの頃に感じる純粋な疑問、これ何？ あれ何？ どうして？ というなぜなぜ攻撃の時期にあたる、周りに対する興味やその行動のようなものです。

また、好きなことに没頭し時間が一瞬で過ぎているような時間ともいえます。

よく、お風呂に入っているときやトイレに入っているときにアイデアがひらめくという話も聞きます。脳も心もリラックスしてすっきりしておくと、アイデアが降ってくるようです。

●類は友を呼ぶ

惹かれ合うものには磁力が働いています。引き寄せの法則もこの磁力です。「類は友を呼ぶ」という事象は、心理学的な観点から見ても本当です。

たまたま出会った人と同じ出身地であることが分かっただけで、急に身近に感じてうれしい気持ちになることがあるように、私たちは自分と共通点が多い人に親近感を持つ傾向があります。これを「類似性の法則」といいます。

特に、女性は共感を大切にするので、同じようなものの考え方や感じ方をしている人と一緒にいると、自分を肯定してもらえるため安心する傾向があります。中でも「傷つきたくない」「否定されたくない」という思いが強い人は、似たタイプの人と一緒にいることをより好みます。

一方で、自己肯定感が高く精神的に安定している人は、自分と異なるタイプの人と出会っても、受け入れられるだけの心の余裕を持てるケースが多く、むしろ自分の幅を広げるために、進んで自分とは異なるタイプの人に関わっていくことができます。

「相手は自分の鏡である」といわれているように、私たちは自分の心の中にあるフィルターを通して、周りの人たちを見ています（心理学ではこれを「投影」といいます）。自分の周りにどんな人がいるのかが、自分の心の状態を表すといえるのです。

周りに優しい人が多いときは、自分も周りの人に優しいと思われていることが多いのです。ですから、もし信頼関係のある友達が欲しいと思うときは、「類は友を呼ぶ」の法則通りに、まずは自分が信頼に値する人になることが近道です。

●似た者同士が集まるメリット・デメリット

似たタイプの人と過ごすメリットは、なんといっても一緒にいて楽しいことです。

例えば、映画を見に行ったら、感動するポイントや笑いのツボが一緒だったりするので、同じ感情を共有して盛り上がることができます。

次に、考え方や価値観が似ているので、お互いの悩みに共感し合うことができます。

相談したときに「不安になっても意味無いよ。行動あるのみ！」と否定されるようなことはないので、悩みを打ち明ける場合にも安心感があります。

一方で、似た者同士で集まるデメリットは視野が狭くなることです。似た者同士は、安心感は抜群ですが刺激に欠けます。ものの考え方や感じ方も似ているので、新しい気付きが生まれにくいのがデメリットです。自分をバージョンアップさせたいときには、自分とは違うタイプの人や尊敬する人たちと知り合ったほうが視野は広がります。

幸運を引き寄せる秘訣は、自分が自然体でいられる時間を作ること。そして周りに幸運を投げ続けられるよう「ありがとう」と言い続けることです。

毎日の清潔を続けるために、一日を振り返り、自分の言動、そしてどんな方に出会い話が出来たのか、何回ありがとうと言ったのか、ありがとうと言われたのかということを振り返る時間をちょこっと作ってみてください。

第 5 章

躾

（Shitsuke）

躾とは、子どもなどに礼儀作法を教えて身につけさせること。また、身についた礼儀作法。　【広辞苑より】

日本人にとって「躾《しつけ》」とは、人として、身を正しく美しく整えるもの、ひいては、心を美しく正すものという意味に通じます。

最近は子どもに対して躾と称した虐待も起きているので、どこまでが躾でどこからが虐待かなどと悩むお母さんもいるようですが、躾とは愛なのです。自分の思い通りにならないから怒鳴り散らすのでは、そこに愛はありません。わが子が一人で生きていけるように、自然の法則に逆らわず、最低限の社会のルールとその意味を教えてあげることこそが躾なのです。

Step1 決められたルールを守り、礼儀作法も日常の当たり前にしよう。

一般的な5Sにおいての「躾」とは、決められたルールを守り、4S（整理・整頓・清掃・清潔）を日常の当たり前とすることを意味しています。

社会の一員として周囲のことを考えて行動できる人を育てるということです。

人間は一人で生きているわけではありません。周囲と協調して生きていくために、最低限のルール、「当たり前のことを当たり前に行う」を忠実に行うことができるように教えるのです。

これを身に付けると、円滑なコミュニケーションがとれるようになり、一日の半分近くを過ごす職場は居心地の良い所となります。

躾の考えは仲間同士で成長していくことが目的ですので、誰かに教えてもらうと言う受け身の姿勢ではなく、お互いに教え合って共に成長することが大切です。

ですから、できなければどうしようではなく、どうすればできるようになるのかを探し、話し合い、できていることを褒めるのが大事なポイントです。

できない人を個人攻撃してしまうとムードが壊れ、チームワークも乱れます。できていないことは本人が一番よく分かっているので、できない人ができるようになる仕組みを考えると良いでしょう。

●率先垂範は上司から

子は親の背中を見て育ち、部下は上司の背中を見て育ちます。

信頼できる関係づくりのためにも、まずは自分が率先してモラルある振る舞いを心掛けましょう。

子どもに呼ばれたときにきちんと返事をしていますか？　子どもとの口約束を忘れてはいませんか？

今まで述べてきた4Sはものや場所を対象にしてきましたが、「躾」は、ルールや決まりを守る「人」そのものが対象です。いつ見ても整理・整頓が行き届き、清潔な状態が確立されたら、さらに一歩進め、きれいな状態を常に維持できる人を育てて初めて、5Sまでが完成するのです。

そうするとチームの意識が揃ってきます。会社であれば、従業員が企業や仕事に誇りを持ち、生き生きと仕事に励むようになります。

もちろん家庭でも同じことが言えます。

皆のベクトルが合うと、1プラス1が2ではなく、5倍10倍と素晴らしい力を発揮することができるのです。

このような状態に持っていくまでには大変なエネルギーと時間を使いますが、それに見合うだけの成果が必ずあります。

人としての基本的な習慣を養っていくと、人と人とのコミュニケーションが円滑になっていき、家庭でも会社でもトラブルは激減し、いつでも楽しく明るい雰囲気でいられます。

Step2 優しさ、思いやり、そして愛という種を蒔き、穏やかな人間に成長しましょう。

「躾」という漢字を分解すると、「身」と「美」になり、「身を美しく」「身だしなみを美しくする」と解釈できます。これは躾の対象を礼儀作法に限定する、武家礼式の用語として生まれた国字ともいわれています。外見の美しさだけでなく、内からにじみ出る美しさを持つエレガントな方には目を奪われるものです。

一方しつけは「仕付け」といい、裁縫で使う縫い目を正しく整えるためにあらかじめ粗く縫うことや、田畑に作物を植えることを「しつけ（仕付け）」ともいいます。

幼児の言葉の発達の研究者として知られていた岡本夏木先生（元京都大学・京都女子大

学教授）の著作に、「しつけ」について書かれている興味深い文章がありました。

先生は、「『躾』という字がもたらす意味よりも、この『着物の仕付け』を背景とする意味のほうが、子どもをしつける過程の本質をよく表しているのではないか」と述べておられます。

裁縫をするときは生地に型紙を置き裁断、まち針で止め仕付け糸で仮縫いをします。仮縫いの状態で試着補正を行い縫製されます。最後に仕付け糸をとって完成です。

ここで大切なことは、着物が縫い上がると、仕付けの糸が外されるということです。完成したものにとって、仕付けの糸はあってはならないものになるのです。

ものの道理がわかる年齢になれば、細々したことは言わなくても自然に身に付いてきますので、徐々に仕付け糸が不要になってきます。小さい頃は意味も分からず親の言動を見て真似ていると思うのですが、一歩進んで今なぜこうしているのか、こう言うのかという道理を親が説けば、仕付け糸を外しても着物の糸がほどける（道を踏み外す）ようなことは起こらないでしょう。

言われているときは「いちいちうるさいお母さんだな」と思いながら従っていたにすぎないことが、しつけ糸を外す年齢になってくると自分で考えて行動できるようになっています。道理を説くとは、物事の本質を見抜く目を養うということなのです。

親が外側から枠組みを与え、人としての土台を作り中心の柱を立てたら、その枠を少しずつ緩めて徐々に外していきます。子どもが自分で考え行動できるようになっても枠を外せず過干渉になると「しつけ」ではなく「押しつけ」となってしまい、指示待ち型の子が育ち、自分で考えて行動できない大人になってしまうので要注意です。

しつけ糸を外すということは、ある年齢からは子どもを本人の自律（自分を律することができる心）にゆだねることです。しつけとは、本来自律に向けてのしつけであって、社会の決まりを強制することとは違うのです。

しつけが不要になるようにしつけるのです。

「しっかりと」「きちっと」「きびしく」することこそがしつけのように捉えがちですが、本来の目的である「自分で考えて行動できる人にしていく」ことをいつも念頭において、声掛けをするのです。

道理を説き、なぜそのような行動をするように言われるのかが肚に落ちるまで言い続けることです。

毎回言っているのに本当に分かっているのだろうか？　とくじけそうになりますが、

相手は聞いていないようで聞いているものです。

あとは、信じて任せる。大きな愛で見守るということがしつける側、親や上司の役割なのだと思います。

子育てにおいても部下の教育においても、私たちはいつのまにか肝心な目的を忘れがちです。

大人になって、また社会人になって、少しでも住みやすい環境、争いのない幸せな環境で過ごせるように、周りに向けた愛を教えるための智慧を授けることが、しつけなのです。

日本の国民教育の父と言われる哲学者であり教育学者の森信三先生は「つ」の付く年（一つ、二つなど）の間に行う「しつけの三原則」をこのように提唱されています。

一．朝のあいさつをする子に。

二．「ハイ」とはっきり返事のできる子に。

三．席を立ったら必ずイスを入れ、履物を脱いだら必ず揃える子に。

この三つがきちんとできる子どもにすれば、他のことはできるようになると言われていました。これができれば「我」が取れて、良い人間関係を構築できる人に育っていくといいます。

まずは挨拶。これは心の扉を開く魔法の呪文です。

続いて「ハイ」の返事。最近は自分の名前を呼ばれても「ハイ」と返事ができない人が大人にも子どもにも増えているようです。

「ハイ」という返事の語源は諸説ありますが、よく言われているのは「拝」という字です。「拝」という字の意味は丁寧に敬礼する、ありがたく受けるというもので、「ハイ」という返事は相手を敬う気持ち、相手の呼びかけを感謝して受け入れる気持ちの表れなのです。

声を掛けてくれる人がいるというのは、当たり前ではなく本当はとてもありがたいことです。誰かに声を掛けたとき、気持ちよく「ハイ」と返事をしてもらうと、どことなく自分のことを尊重してもらっているかのような気持ちで嬉しくなるのは、感謝の気持ちが言霊で伝わるからなのでしょう。

言霊は相手に対しても自分に対しても響きますので、「ハイ」という心の込もった返事をしているだけで良いことが起こります。

また、「ハイ」と返事をしたら、承知したという合図でもあるので、「聞こえなかった」「知らなかった」といった言い訳ができなくなります。責任感を育むことにもなるのです。

くれぐれも「はいはい」とか「はぁーい」など、相手にストレスを与えるような返事にはお気を付けください。

最後に、履物をそろえる。

子どもが歩けるようになり、靴を履くようになった時から始めると効果的です。「こうして並べておくときれいだね。気持ちいいね。ありがとう。」という具合に毎回声を掛けると、自然にできるようになります。

脱いだ履物を揃えておくとは、後始末をきちんとして次の準備をすることです。これができるかどうかが「お金のしまり、人間のしまり」にも影響してきます。

ただし、御神前に上がるときに神主さんが前向きに草履を揃えるのは、出て行くときに神様にお尻を向けないためという意味もあるので、御神前に行ったときにはそのことを教えてあげましょう。

もちろんこれらのことは親自身がきちんと行っているということが前提条件です。大人がしていないのに子どもにだけ言って納得するはずはありませんからね。

●ダメなものはダメという愛

会津藩では、6歳から9歳の子は、「ならぬことはならぬものです」という会津藩独特の「什《じゅう》の掟《おきて》」（組織の決まり）を年長者から教わっていました。1年生から4年生までの子どもたちに上級生が教えていたことになります。

教える上級生も自分がお手本を示さなければいけないという責任感が生まれ、よりしっかりしてくるのでしょう。前述した教育学者の森信三先生も「つ」の付く年（九つまで）までにしっかり躾をすれば、あとは自分で考えて行動できるようになると言われています。それができているので、上級生が下級生に基本の躾を行うという仕組みが成り立っていたのでしょうから、昔の教育は本当にすごいですね。わが子を省みると……甘やかしすぎです。

ちなみに什の掟とは、

一、年長者（としうえのひと）の言ふことに背いてはなりませぬ
一、年長者にはお辞儀をしなければなりませぬ
一、嘘言（うそ）を言ふことはなりませぬ
一、卑怯な振舞をしてはなりませぬ
一、弱い者をいぢめてはなりませぬ
一、戸外で物を食べてはなりませぬ
一、戸外で婦人（おんな）と言葉を交へてはなりませぬ

そして最後に「ならぬことはならぬものです」と終わるのです。

属する「什」によって「お話」の内容には多少の違いがあったようですが、最後の「ならぬことはならぬものです」は、もはや決め台詞ですね。

この有無を言わさぬ〝断定〟こそが、「義」への信念を育てたと言っても、過言ではないと言われています。そして、什の掟に背いたものはいなかったのかどうか什長が尋ねる反省会があり、背いたものはペナルティです。

「恥ずべきことをしました」と頭を下げる、しっぺ、絶交（父か兄が付き添ってメンバー

に深くお詫びを入れないと許してもらえない一番重い罰）など、自分のしたことの責任を自分でとることをしっかりと学ばせる場であり、それを身につまされれば軽はずみな行動は慎むようになったのです。

やってはいけないこと、やらなければならないことが守れないのは、自分のずるい心に負けてしまうからです。

人間は誰しも易きに流れるものですが、今この瞬間だけ、自分だけ良ければという考えに流されると、すぐには分からないかもしれませんが、先で大きな違いが出てきます。

線を1本まっすぐ引いた上に1度角度を変えて2本目を引くと、先はどうなりますか？ 引き始めはほんのわずかな差ですが、先になるほど線は離れていきます。

今だけちょっとズルをするというのは、目に見えないから実感が湧きませんが、図に書くとわずかな違いも先で大きな違いになることが分かります。

ですから、ならぬことはならぬのです。

そして模範となるべき指導する側が心しておかないといけないことは、「ならぬものはならぬ」ということです。同じことでも「今回はいいや、でも今回はだめ」と、ルールをころころと変えていては子どもが混乱します。ですから、言う側も覚悟をもって臨まないといけないのです。

安岡正篤氏は、子どもを子ども扱いしなかったといいます。大人の言うことがいつも正しいとは限りませんから、頭ごなしに言うのではなく、子どもの気持ちをよく察する親になることも必要です。体は子どもでも魂は私たちよりずいぶんと大人かもしれません。相手の言い分もしっかり聞きつつ、お互いに納得しながら話をした上で、ならぬものはならぬと一貫した姿勢を貫くために、親もしっかりとした信念が必要です。

人生は思った通りになるものです。短い人生どれだけ楽しめるかというのは、自分が作る環境次第、思い次第ということです。よい種を蒔けばよい実がなるようになっていますが、どんな種を蒔くにしろ、発芽して元気に成長していき、たくさんの実がなるかどうかは、どんな土壌に種を蒔くかにかかっています。凍った土に種を蒔いても発芽はしません。

躾とは、子どもたちが夢という種を蒔くための土壌づくりです。子どもの未来のために、優しさ、思いやり、そして愛という種を周囲に蒔き、穏やかな人間に成長するよう、心を愛で満たし、親も子も上司も部下も明るく穏やかに成長していきたいものです。

Step3

内に光る輝きが滲み出てくる真に穏やかな人となり人生を大いに楽しみましょう。

日本語には独特の長所、美点があります。例えば男女関係なら彼女にぞっこんになった時「俺はあいつに参った」なんていう表現があります。参るとは偉いといって頭を下げることとです。

結婚56年目でいつまでもラブラブでいる、とあるご夫婦。ご主人にこんなに長くラブラブでいられる秘訣はなんですかと聞いたところ、「俺はあいつに参った」つまり尊敬して頭を下げたんだと言うのです。お互いに相手を尊敬しているから結婚したのだと言うのです。お互いに尊敬し合える間柄だからこそ人生を捧げ合う、いつまでもラブラブをキープしているのだと、この話に私は参ってしまいました。

尊敬できる人、もちろん生活する中では尊敬できない面が垣間見えるかもしれませんが、見えるということは自分にもそのような面があるから気付くのです。嫌な面が見えた時は自分を省みてみると、相手が変わって見えるものです。

勝負の世界、例えば将棋も、最後は相手に「参りました」と言います。この「参りました」と言える心の教育が重要だと感じます。

昔は普通にこの教育が行われていましたが、最近は今だけ金だけ自分だけという個人主義に傾き、この道徳心、礼儀、恥という文化が廃れていっている気がします。

躾の根本になくてはならないのは「道徳心」。己のためではなく公のために働く、利他の心をしっかりと育みたいものです。

どのような考えと心を持つかによって、人生は大きく変わります。もちろんうまくいくときといかないときがあり、山も谷も通りますが、だからこそ面白いのです。

ドラマでも、何も起きない話なんて面白くありません。ヒットするドラマは、ヒロインやヒーローがどん底から這い上がるストーリーです。そのとき、自分のことより人のことを考えて明るく振舞い、真心こめて最善を尽くす。そして最大のピンチから大逆転のチャンスが到来！　周りに助けられて大成功、というストーリーが多いですよね。問題を解決するヒントはいつも内側にあり、それに気付くとピンチはチャンスに変わるのです。

第2章でも述べましたが、山に登れば壮大な景色が眼下に広がり、谷に下りれば美味しい水が飲めます。山も谷も色々な景色が楽しめて、そこでしか味わえない体験を沢山することができます。本当は山にいるときも谷にいるときも貴重な体験をしている最高の時間なのです。「今」を楽しむという心をいつも持てると、お困りごとはチャンスとなるのです。

「しつけ」とは、このような思考習慣を当たり前にできるように導くものだと思っています。

皆が自分と同じ方向からものを見ているとは限りません。

当然、子どもの見えている視界と大人の視界では見えるものは違います。

例えば円柱を考えてみましょう。正面から見たら長方形、真上から見たら円、ぐるっと回ってみたら円柱です。見る方向を変えただけで違ったものに見えますが、同じものを見ているのです。山の上から見る景色と下から見る景色が違うように、自分から見たものと人から見えているものは違って当たり前なのです。

私はこれを踏まえて「しつけ」のつもりで「おしつけ」にならないように相手（子ども）の言い分、考えていることをよく聞くように心掛けています。

子育ては親育てとはよく言ったものです。両親に言われていたこと、祖父母の話を思い出しつつ子どもを通して事の本質を探り、一緒に学びながら日々を過ごしていると、今まで目の前のことしか見えていなかったのが、その奥まで見えるようになり視界が広がっていく気がします。まだまだ学びの途中ですが、山の上に登ったら何が見えてくるのか、これから先も楽しみです。

第 6 章

作法

(Saho)

作法とは、①物事を行う方法。
②起居・動作の正しい法式。
③きまり。しきたり。 【広辞苑より】

作法って何のためにあるのだろう、と考えたことはありませんか？

作法とは、ズバリおもてなしの心です。そして、作法を守った振る舞いは、理にかなった無駄のない効率的な動きでもあるのです。しかし、そのことに気が付かないと、面倒くさいな、うるさいな、どうでもいいじゃん……と思ってしまうのです。

ですが、作法を守った所作を自然にとれるようになると、その動きはとても優雅で美しく品位が感じられますし、ちょっとした所作の違いから、信頼を得ることに繋がります。そしてその人の後ろには、家の教育や親御さんの姿までが垣間見えてくるものです。

たかが作法、されど作法。作法の奥には太古から受け継がれてきた日本人の愛と知恵がぎっしり詰まっているのです。

作法を通じ愛に溢れた「おもてなしの心」を子々孫々まで繋がるように、子どもに伝えたいと思います。

Step1

お互いが快適に過ごすための基本的な言葉や動作を身に付ける。

私が小学生の頃、祖父の家で叔母の結納を行うことになりました。そのときに襖の開け方、畳の歩き方、お辞儀の仕方、お茶の出し方など、たくさんの作法を祖父から習いました。

また、祖父母と母からこんな事も習いました。「作法などくだらないと思うのは『心』がなく、『型』だけを覚えようとするから、作法の上辺だけを見ているのだよ。なぜ畳を歩く時、縁を踏んではいけないのかを考えてごらん。昔、布地は貴重品だったため、踏むことはタブーとすることで大切にしてきたのだよ」。

昔の畳の縁生地は、主に絹や麻布でできていて、染色も草木染めがほとんどです。実用的な丈夫さがなく、色も飛びやすかったため、丁寧に扱われていたのです。また、畳の縁には家紋が入っていたり、身分を表す色が使われていたりしました。「縁＝（その家の）顔」なので、足で踏むのは大変失礼なことになります。その家の亭主に対して敬意を示すためにも、畳の縁は踏まないという作法があるのです。

そして、畳の目に沿って歩いていくのは、畳がなるべく磨り減らないようにという心遣い。敷居を踏まないのもまた、擦り減らないように。歩くときは「すり足」で歩くようにとも習いました。

お膳やお茶をもって動くとき、埃がたたないように、そして貴重なお茶碗などをつまづいて落としたりするような粗相が無いように、すり足で歩くのだと聞きました。

襖の開け方、畳の歩き方、お茶の入れ方など……作法は全てに意味があり、奥が深いことを初めて知り、とても感心したのを覚えています。


他、作法といえば「茶道」を連想します。

お抹茶をいただくときはお茶碗を二度回してから飲みます。これには日本人の相手を敬う心が凝縮されているのです。

最初、お茶を出す時はお茶碗の正面を相手に向けて出します。お客様をもてなす心です。もらった側も相手に対して敬意を示すために、正面を触らないように二度回してからいただきます。どちらもが相手に対して敬意を表す作法なのです。

また、部屋に入る時にも下座側の足から入り、出る時もまた下座側の足から出ます。意味の無い作法など一つもないのです。

●靴を揃える

どうして靴を揃えるように言われるのでしょうか。揃っていると見た目にも気持ちが良いから、出かけるときに履きやすいように、などでしょうか。

しかし、もう少し考えてみると、その奥につながるものが見えてきます。靴を揃えるという行為はほんの数秒でできることです。その数秒の後始末を面倒だと思ってしまう癖は、他のことにも繋がっていくのです。

自分のしたことへの振り返りの習慣、靴を揃える心の余裕なども感じられますが、まだあります。

アメリカの損害保険会社の安全技師だったハインリッヒが発表した法則があります。これは、災害の事例の統計を分析して、「1対29対３００」に分けた法則です。

この数字の意味は、一つの死亡につながるような大きな事故が発生する背景には、29件の小さなヒヤリとするような事故があり、さらにその背景には３００件のハッとする事故未満の出来事があるというものです。

大きな事故というのは突然に起こるものではなく、小さなヒヤリ・ハットのサインを見逃しているから起こるのです。

このように、小さなことをおざなりにしないことが大切なのです。

靴を揃える作法とは、進行方向のまま靴を脱いで上がり、座って手で揃えるというひと手間を加えるのが正式です。ついやってしまいがちなのが、玄関側に向いて揃うように靴を脱ぐことです。玄関側に向かって靴を脱ぐと、お尻を訪問先の方に向けることになり、訪問先に対しては失礼にあたるので気を付けましょう。

こう考えると、子どもたちには靴を揃えるのはもちろん、机の中を整理する、連絡帳を丁寧に書く、靴のかかとを踏まないといった小さな部分を一つひとつ丁寧にすることが、大きな事故を免れることになるのだと知って、実行してほしいものです。

Step2
他人を敬い、自分自身を大切にする振る舞い。

作法は相手を思う心、道徳の延長です。もっと広く言うと、法令も道徳の延長です。自分勝手な人ばかりだと当然トラブルだらけの世の中になってしまうので、周りに迷惑を掛けないため、相手に不快感を与えないようにするため、また自分も相手も傷つかないよう、最低限のルールとして決めた約束事が法令なのです。

さらに一歩進んで、どれだけ心地よい時間を共にできるかという視点で考えられたのが作法ではないでしょうか。

●事業においての作法とは

ところで、ビジネス事業者の作法とは何でしょうか。それは、お客様に損をさせてはならないし、会社も損をしてはならない、ということでしょうか。

例えば不良品を多く出すと、買った消費者に迷惑が掛かります。不良品は使えないので無駄なごみを出すことにもなり、地球全体にも大きな迷惑がかかります。これが今の環境問題です。

また、会社の損失が大きくなると、事業が傾き、働いている社員が路頭に迷うことになります。悪循環ですね。

サービスも作法も、ただ相手のため、周りの人々のために行うものです。

利潤追求のために行なうものではないという事をしっかりと肝に銘じておけば、事業もこの悪循環にはまることはないと思います。

●作法の対象

作法とは、人に対してだけのものではありません。

例えば、寝ている犬の尻尾を踏めば、当然犬は怒ります。寝ている犬の尾を踏まないことは、犬に対する作法ですよね。

どんなに素晴らしいダムを築いても、そのダムは壊れることがあるし、壊れたときに流れてくると予想できる水の道筋に家を建てていれば、その家は押し流されます。大自然の摂理を知り、人がそれに見合った行動をすることもまた、大自然に対する作法ではないでしょうか。これを無視しているために大きな人災が起きていると思うのです。

こうして考えていくと、作法とは人のためだけにあるものではなく、森羅万象のすべてに対してあるように思えるのです。

●礼儀作法

「礼儀正しい人」「正しい作法で食事をする」など、礼儀と作法は別々に使う場合と、「礼儀作法」と合わせて使う場合があります。

「礼儀」とは、相手や周囲の人々に対して持つべき「こころ」そのものです。そして「礼儀」を相手に伝えるために必要となるのが「作法」です。

「礼儀」や「作法」と言われると、なんだか堅苦しいことを想像してしまいますが、作法とは心を伝えるための「動作方法」の略です。そう言われると少し身近に感じますよね。相手への心遣い（礼儀）を的確に伝えるために、身に付けておくべき知識（慣習やしきたりなど）、立ち居振る舞い、言葉遣い、身だしなみに至るまで、あらゆる「かたち」を指すのです。

しかし、自分の置かれている環境や立場によって、どの作法が適切かということを見極めて使わないといけません。この使い分けは心遣い（礼儀）によってたくさんの作法の中から組み合わせるのです。

これぞ日本の誇る「おもてなし」です。

おもてなしとは、「お客様が心地よく過ごせるように心を込めて準備し、最大の歓迎の気持ちを持って応対すること」です。

そこには、相手を思いやる日本人の気質や文化が息づいています。相手に心地よく過ごしていただくために、作法というものがあるのだと思います。

●敬う気持ち

作法とは「型」と思われがちですが、その中心は「こころ」にあります。「思いやり」「敬う気持ち」「感謝の心」といってよいでしょう。

歩き方、座り方、話し方、立ち居振る舞い、すべてが相手を大事に思う「こころ」が基本となっています。この相手とは、神仏・食物・隣人など周りのすべてをいいます。

また、「こころ」があれば「型」はついてくるのかというと、そうではありません。「こころ」があっても「型」がなければ、気遣いの気持ちは相手に伝わりません。お茶席で亭主がハチャメチャだったら落ち着かないし、歓迎されているのかどうかもわかりません。型通り優雅にお茶を立ててくださるから和むのです。作法とはとても合理的で効率がよい動作を、型で伝えていくものなのです。

ですから、型だけを覚えようとせず、型に潜む「こころ」に思いを寄せてみてください。そうすることで、面倒くさいと思う型もすんなりと受け入れられるでしょう。

●「いただきます」の意味

あなたの命をいただきます、あなたの命をいただいて私の命をつながせていただきます、という意味の「いただきます」。

命とは素材の命はもちろんですが、食卓に上がるまでにたくさんの人たちの時間と手を掛けてもらっていることに対する感謝も込められています。

口に入るまでにどれだけの方が関わり、時間と手間と愛情を注いで届けられているのか、運んでくださった方、料理をしてくださった方、お皿を作ってくださった方など、ものすごい数の人が関わって、食事が今食卓にあるということへの感謝なのです。

さらに、食べ物からは単に栄養素を摂っているだけでなく、食材そのものが持っている沢山の情報を人体に与えてくれます。毎食を感謝していただくことができていれば、食物からもらえる情報も良いものがたくさん入ってきますし、様々なことを教えてくれます。こう考えると化学的に合成されたものではなく、命あるものを感謝していただくことがどれほど大切かがわかります。

毎食感謝していただくから「いただきます」なのです。そういう思いがあれば、ご飯粒を茶碗に残したり、好き嫌いをして食べ物を粗末にすることはできなくなります。世界を見渡すと、お腹がすいても満足に食事ができない人々はたくさんいます。いつも温かいご飯が食べられるなんて、どれだけ恵まれたことなのか、こんなことが考えられるようになると、いつも心は感謝で満たされていきます。

「いただきます」「ごちそうさま」と言うだけで、すべてのことに感謝ができ、気持ちに余裕ができる、そのために作法があるのでしょう。

これが当たり前の日常であるようにしたいものです。

●お箸の置き方

600年代初頭、聖徳太子が箸を広めたと言われています。

お箸を横向きに置く理由は二つあります。一つ目は尖った箸先を相手に向けるのは失礼だという考えから。そして二つ目の理由は、お箸は結界の意味を持つからです。

ここに自然を尊ぶ和食の精神が込められています。古来、日本人は神様から頂いた神聖な食べ物は決して手で運ばず、お箸を使って食べていました。そして、お箸は神様の世界（大自然の世界）と人間界との一線を引く結界の役割もあったのです。ですから、まず「いただきます」と感謝の言葉を唱えて結界を解き、お箸を持って神聖な食べものを口に運ぶのです。

この箸の話は、子どもと毎年参加する親子セミナーで聞き、感動しました。そして食事の時に、日本の箸はなんで横向きに置くのでしょうか、と復習の質問を定期的に子どもにし、心に刻んで食事をしています。

このお箸の話は是非とも後世に伝え残したい話の一つです。

●祝い箸の特徴

お正月のおせち料理や婚礼、お食い初めなどお祝い事のときに使う特別な箸のことを、祝い箸といいます。祝い箸に使われている木の素材は普通の割り箸とは違い、柳などの白木を使用しています。

柳の木が使用されているのにも意味があり、しなやかで折れにくい丈夫な木という由来や、その昔柳の木は縁起のいい木と言われていたことが理由です。祝い箸は両端が細く、中央が太くなっています。その片方は人間（自分）が使い、反対側は神様が食べるために使うと言われています。

長さは約24センチの八寸で、末広がりの「八」にちなんでいるそうです。その祝い箸は「寿」などのめでたい文字や水引などの装飾のついた箸袋に入っていることが多く、見た目も華やかです。

日本では、日常ご飯を食べる時にお箸を使います。お箸一つですべての食事ができる優れものです。お箸の使い方が美しいと、それだけできちんとした印象を相手に与えることもできます。

お箸の持ち方についてちょっと残念な実話があります。とてもきれいで聡明なお嬢さんが、何度お見合いをしても断られるというのです。なぜだと思いますか？　と聞かれたので、私はまず「お嬢様はお箸をきちんと持てますか」とお尋ねしました。すると「やっぱりそれが原因ですか」との回答。そう、その方はお箸がきちんと持てない方だったのです。お見合いをしている相手はいいところのご子息だったため、行儀作法や立ち居振る舞いが重視されていたのでしょう。

人は見ていないようで、しっかり人を、そしてその方の育った環境を見ているものです。結婚となると次の世代を育てていく母の影響は大きいもの。なので作法は重視されます。作法ができているかいないかで人生が大きく左右されることもあるのです。最近はお箸を持てない人が目立ちます。テレビの食レポをする方や、和食のお店の中居さんなどでもきちんと持てていない方がいます。日本人はお箸の国の人です。食事の作法の基本として、お箸の持ち方には気を配りましょう。

Step3 調和のとれた、この上ない優しさと不動の強さを持ち、良心の声に従ってあらゆる人に敬意を払う。

人間は生きていく上で、必ず他人と接します。そして、たいていの人は複雑な人間関係の中で生活していることでしょう。

最近はこの人間関係に悩み、うつ病などの病気に悩み、ひどい場合には仕事ができないという現代人も増えています。ですがこのときこそ、作法を学ぶチャンス。作法とはこの人間関係を円滑に変えていける、魔法の杖なのです。

人間の仕事を大きく分けると「タテ」と「ヨコ」の仕事があります。

たとえば職場での通常業務は、タテの仕事。その職場の自分の引き出しの中を整頓したり、書棚を整理したりする仕事は、ヨコの仕事とします。また、服装を整え、動作を円滑に行い、考えたものの言い方をするのも、ヨコの仕事と考えます。つまり、作法を守るということが、ヨコの仕事です。

作法に慣れないうちは、それこそしどろもどろになり、ついには頭が痛みだしてしまうかもしれません。そこで作法を適当にし、タテの仕事にもっと力を入れようと考える人が多いのですが、この結果、つまらぬことから対人関係を悪くし、誤解を受ける結末に至ってしまいます。


タテの仕事に熱中するあまり、ヨコの仕事をおろそかにすれば、次第にタテの仕事の能率が低下し、ついにストップします。ですからヨコの仕事（作法）をおざなりにはできません。ですが、朝から晩までヨコの仕事に熱中し、タテの仕事をしなければどうなるでしょうか。大目玉をくらいます。

これは実はよくできたもので、ヨコの仕事はある所まで行くと、ひとりでに後が無くなるものです。作法も日常になれば意識せずに身に付けることができます。そこからは、ひとりでに手がタテの仕事に移っていき、そのときの能率は目をみはるものがあります。

お互いが気持ちよく過ごせるように思い合って作法を極め、ヨコの仕事を進んで行うことができれば、人間関係に頭を悩ますことなく効率よい仕事ができるようになるのです。

●袴に表す日本人の自戒

武士の正装である「袴」。最近は和服を着る機会も少なくなっているので、お正月やお祝い事などでも見かけることが少なくなってきましたが、息子たちが剣道を始め、まじまじと袴を見る機会をいただきました。そこで袴の折り目に深い意味が込められていることに気付き、日本人の決意を見つけ感動したので、紹介します。

袴のひだは左右で数が違うのです。知っていましたか？　ひだの数は前に5つ、後ろに1つです。袴の折り目の持つ意味とは、前の5つが「五倫五常の道を諭したもの」、後ろの一つは「二心のない誠の道」を示したものと言われています。

五倫とは、儒教における基本的な人間関係を守る道のことです。

1．君臣の義……上下関係は義を重んじお互いを思いやる。道理が大事。

2．父子の親……親子関係は親しみ、愛情が大事。

3．夫婦の別……夫婦は互いに尊重し合うことが大事。

4．長幼の序……兄弟は互いを愛し、自分より年配者を敬うことが大事。

5．朋友の信……朋友（固い約束を結んだ友）は信じあうことが大事。

続いて五常とは、人が常に実行すべき5つの道のことです。

1．仁……己に克ち、他に対するいたわりのある心のこと。

2．義……順序、秩序を維持し、正しい行いを守ること。

3．礼……敬意を表す作法。感謝の心が表に表されること。

4．智……物事の理を考え、正しい判断を下すこと。

5．信……人を欺かないこと。疑わないこと。信心、まごころ。

後ろの一つは二心のない誠の道です。

1．忠……主君に尽くすまごころのこと。

2．孝……親、兄弟を大切にする心のこと。

袴一つとってもこのように深い意味が込められているなんて、すごいと思います。先人の愛と智慧が受け継がれたものであり、その思いを伝えながら使わせていただくことで、心も鍛えられるようになっているのです。

ちなみに剣の修業は武の五徳を身に付けるための修業と言われており、勇気・正義・廉恥・謙譲・礼節の教えに背くことなく、教えと自分を照らし合わせ行動することなのです。袴をきちんとたたむことでこれらの教えを体で感じ、自然にこころも備わってくるといわれます。

武道が他のスポーツと違うのは、こういった奥深さにあると思います。袴に表されているこの礼節は、昔の日本人の教育によって刷り込まれていたものです。何もかもが簡素化され人との繋がりが薄れている現代は、人間関係がうまくいかずに悩んでいる若者が多くいます。

昔の日本の教育は人間社会において非常に重要な原理原則が随所にちりばめられ、心に染み渡るようになっていました。

絡み合った複雑な人間関係の紐を解いてくれるカギは、ここにあるのではないかと感じています。

子どもたちもいずれ、社会に出て働くようになります。その時この作法とその奥にある愛と智慧を知っているかどうかで、人生は大きく変わってきます。

作法を通じ愛に溢れた「おもてなしの心」を子どもたちの心に留めておきたいものです。

第7章
習慣
(Syukan)

習慣とは、①日常の決まりきった行い。
しきたり。ならわし。慣習。
②〔心〕反復によって習得し、少ない
心的努力で繰り返せる固定した行動。

【広辞苑より】

「心が変われば行動が変わる。行動が変われば習慣が変わる。習慣が変われば人格が変わる。人格が変われば運命が変わる」というマザーテレサの名言があるように、何を思い、日々何を積み重ねるかで運命は大きく変わってきます。

心と体は繋がっているので、体の状態が心にも響いてきますし、心の状態で体も変化します。

親は誰もが、子どもたちには幸せな人生を送ってほしいと願い、子どものためにとついあれこれ口出しをしてしまいますが、そもそも子どもは親とは別の人格で、思うとおりにできるものではありません。ですが、親が子どもの運命に関わることができるとしたら、子どもが一人立ちするまでの間に、何を食べさせ、何を思い、どんな行動を起こすか、どんな習慣を築いてあげられるかしかないと思うのです。

親とは、子どもの運命(命を運ぶ道)の整備係なのだと私は思っています。もちろん整備されていないジャングルのような中でも自分で道を切り開いて進むことはできますが、前に進む容易さと速さは格段に違います。

日常の決まり事、しきたりなどの奥には整備のための道具が入っているのだと思います。

最初は少しの違いでも、時間が経つほどにこの差は大きくなっていきますから、気付いた今から習慣を変える一歩を踏み出す勇気を奮い起こす！

私はこれが大切なことだと日々反省しています。

Step1 良い習慣を身に付けて自分を磨こう。食べたものが体を作る。

私たちはお母さんのお腹の中で十月十日かけて人間になり、この世に生まれてきました。お母さんと子どもは一心同体で、お母さんが食べているものがすべてです。病院や薬局で妊娠中、授乳中ではないですかと聞かれるのは、子どもにお薬が影響するので必ず確認しているのです。この影響は薬に限ったことではなく、お母さんの食生活が子どもには大きく影響します。妊娠中はもちろんですが、授乳中も気を付けないといけません。

母乳は血液と同じですから、お母さんの食べたものがダイレクトに伝わります。母乳が赤いと怖いでしょう。だから赤い血液から赤血球を取り除いて白い母乳として出るようになっているのです。それから一年前後でご飯を食べはじめ、食事をすることで成長していきます。食べずに大きくなったという人はいないはず。体の成長が止まってからも、食べ物と水を断って生きていくことはできません。

ということは、食べているもので体は作られているのです。

そして、体は日々変化しています。例えば、油物が多いと吹き出物ができたり、甘いものを摂りすぎると太ったり、お酒を飲み過ぎると下痢をしたり、食べ物で体調が変わります。日々どんなものを食べているのかで、体は常に変わるということなのです。

最近は食生活もバラエティに富み、見たこともない外国の食材もあれば、帰ったらすぐに食べられる冷凍食品やお惣菜もスーパーやコンビニで手軽に手に入ります。ちょっと考えてほしいのが、この食品はどうやって作られているのかということです。こんなに安く提供できる秘密は何なのか……。

何度も言いますが、今の食事は便利になった代わりに、添加物という名の化学物質がたくさん使われています。防腐剤や着色料だけに留まらず、甘味、ふんわりとした触感、滑らかな舌触り、冷めても美味しく食べられるようなやわらかい肉、香りなど、食べ物のおいしさは多くの添加物によって演出されています。

世界で許可されている食品添加物は国によって基準が違いますが、ざっとアメリカで１３３種類、ドイツで64種類、フランスで32種類、イギリスで21種類、日本はなんと世界一位で１５００品目以上もありました（一般社団法人日本食品添加物協会２０２１年調べによる）。

体は食べたもので作られています。毒を出す機能も体には備わっているので、少しなら対応できますが、毒が毎日大量に入ってきたら体は悲鳴を上げます。もちろん国は安全性を確かめて許可を出しているのですが、たくさんの添加物を同時に毎日摂ることは想定されていません。

そして、現代食を二代、三代と食べ続けたときの体や遺伝子の情報がどうなるかもわかっていません。そんな食べ物が今巷にあふれているのだということを、まずは認識してください。

医療は発達しているのに病人が増えていく。そして原因不明の疾患も増えている。その理由は、このような食の変化と無関係ではないのではないでしょうか。

●現代の食習慣

食卓に並ぶ食事を思い浮かべてください。子どもが好きなハンバーグ、から揚げ、エビフライ、付け合わせにはキャベツやレタス、キュウリにミニトマトといったところでしょうか。

私自身、お野菜をしっかり食べなさいと言われて育ったのですが、自分の作る食事を見るとほとんどと言っていいほど野菜が入っていません。

5大栄養素のうちタンパク質、脂質、糖質（炭水化物）は十分満たされているのですが、ミネラルとビタミン、食物繊維が全く足りていないのです。

そもそもミネラルは体内で合成できないため食物から摂る必要があり、不足した場合は欠乏症やさまざまな不調が発生します。また、摂りすぎた場合にも過剰症や中毒を起こすものがあります。

今やミネラル不足は現代版栄養失調といわれ、大きな問題となっています。ミネラルについては第1章でも述べていますが、厚生労働省のホームページには、次のように書かれています。

「生体を構成する主要な4元素（酸素、炭素、水素、窒素）以外のものの総称で、無機質ともいいます。ミネラルは体内で合成できないため、食物として摂る必要があります。不足した場合は欠乏症やさまざまな不調が発生しますが、摂りすぎた場合にも過剰症や中毒を起こすものがあります。（中略）ミネラルは、互いに吸収や働きに影響をあたえ合うことがあるため、バランスよく摂ることが求められます。」

微量ミネラルも、多量ミネラルも体を作っていくときに必要な柱です。例えば、家を建てるのに10本の柱が必要だとします。しかし、6本でも家としての形は整います。ですから普通に暮らしている分には柱がないということは分かりません。ですが、台風や地震が来た時、柱が10本あればびくともしない家でも、6本しかない家であれば簡単に崩れてしまうはずです。ミネラル不足とはそういう状態なのです。

ミネラルが慢性的に不足している状態の人は現代版栄養失調といわれ、なんだかだるい、すぐ疲れる、原因不明の病気だ……など様々な不調を訴えます。これは家が傾き始めているサインなのです。

なぜこんなことが起こるのかといえば、ズバリ原因は食生活なのです。

我が家で「ミネラル」という言葉を聞いたのは約45年前。しかし、当時ミネラルという言葉に耳を傾ける人はほんのわずかでした。それ何？　というのが大半の反応でした。

ですが、ミネラル栄養学という学問ができるほどミネラルは海外で注目されており、研究され始めていたので、私の母が将来の子どもたちのためにとミネラルの勉強を始めました。ミネラルを摂るには基本は米、水、塩、野菜、海藻などなるべく未精製のものを食すことです。アクはミネラルの宝庫ですから、アクの強い野菜などは最高です。

ですが食卓を見てみると、子どもが喜んで食べるものにミネラル豊富な食材はほとんど入っていません。昔の人参は今の人参に比べると、アクが強く独特の臭いがしていたので、人参が嫌いな子どもも多かったのですが、最近の人参はあまり臭いも感じられません。

昔は食べるものがなかったため、好き嫌いなどの贅沢は言えない状況で生活していました。また、お米の精米の精度もよくなかったため、白米といっても今のような真っ白なお米を食べるのはごくまれです。

外食の機会もそうあることではなく、野菜を買い、野草を摘んで調理していました。春ならツクシ、フキ、ヨモギ、ノビルなどを取り、秋には栗を拾い、山ぶどう、むかごなどを食べていました。

ですが現代は、スーパーにカット野菜が数多く並んでいます。見た目は素材そのままに見えるカット野菜ですが、中に入っているミネラルはほとんど全部と言っていいほど流れ出ています。

栄養学的な計算値は畑でとれた野菜で算出されていますので、理論上は問題ないように言われます。しかし現実に検査をしてみると、カット野菜は通常の野菜を自分の家で茹でたものと比べると、ミネラルが30分の1程度という報告があります。

カット野菜は元々業務用で流通していたものですが、小分けされ今やスーパーで誰でも簡単に手に入るようになりました。外食産業でも、このカット野菜を使って調理しているところは多いようです。

野菜や穀物に含まれるミネラルは植物が土から吸い上げたものです。ですが、化学肥料や農薬で土が痩せているなどの様々な原因で、今の野菜は昔に比べてミネラルが少なくなっているので、野菜を食べていると思っていても、実際は不足しているのです。

これが、医療は発達してきたのに病人が増えてきたといわれる一因です。

ミネラル不足が続いた先には、恐ろしい未来が待っています。

また、食物繊維の不足も問題です。食物繊維は「第6の栄養素」とも呼ばれる栄養素で、主な働きは腸内の善玉菌であるビフィズス菌を増やす役割で、便秘を改善する効果もあります。便秘が続くと血液に毒素が入っていくので、長引くと危険なのです。

それ以外にも、血中コレステロール値を下げたり、食後の糖の吸収を緩やかにして、血糖値の急激な上昇を抑えたりする効果があります。その他、脂質や糖類、ナトリウムを体外に排出する効果もあります。そのため、生活習慣病である肥満や脂質異常症、高血圧、糖尿病などの予防・改善も期待できます。

こんな大事な栄養素たちが不足したとしても、一カ月やそこらでは症状は現れませんし、じわじわと浸食されていくので気が付かないうちに深みにはまります。

ミネラルも食物繊維もバランスが命ですから、慢性的な不足を薬でどうにかできるものではありません。

体を痛め、心を病む前に食習慣を見直し、食材の選び方を考える習慣を持ちましょう。

●腸内細菌は考える

人間は頭（脳）で考えていると思いがちですが、本当はそうではありません。指令を送っているのは腸内細菌なのです。現代の食生活には腸を痛める要因が数多くあり、腸がダメージを受けています。リーキーガット症候群といって、腸のバリアに穴が空いてしまっているのです。

私たちはお腹の中にも、皮膚にも、口の中にもたくさんの細菌が存在し、共に生きているのですが、毎食高カロリーで消化の悪い食べ物がどっさりと運ばれてくると、消化が追いつかない事態が起きます。

人間の今までの歴史の中で、空腹で死に至ることはあっても、食べ過ぎて病気になるということはほとんど想定されていませんでした。

長い歴史の中で、飢餓で苦しむことはあっても飽食で苦しんだ歴史はありません。そのため人間の遺伝子には飢餓状態に対する防御機能はあっても、食べ過ぎたときに発動するシステムはなく、むしろ空腹感が若返りの修復スイッチを入れるのです。

私たちの身体に住んでいる細菌たちに、住みやすい環境を作り、材料さえ提供してあげれば、彼らはとってもいい仕事をするので、体は健康を保てます。しかし、住み心地が悪ければ、細菌は暴れだすのです。

そうすると血液も汚れてきますので、肝臓や腎臓も疲れてきていつもイライラ。悲観的な考えしか浮かばなくなり、人の話に耳を傾けられなくなるのです。心が頑なになり、自分で自分に恐ろしい暗示をかけてしまいかねません。

ミネラルをたっぷりとって腸内環境を良い状態に保ち、心の安定を図るために、親がしてあげられることの第一歩は食生活の見直しです。

Step2 心育ての習慣。

昔の日本は良い食事をするだけでなく、生活の中に素晴らしい心育ての心得が盛り込まれていました。食を整え心が整う心育てを子どもと一緒に習慣化できれば、幸運はぐっと近づきます。

第5章「躾」の章でも触れましたが、よく言われるのは、

1．あいさつをする

2．身だしなみを整える
3．靴を脱いだらきちんと揃える
4．時間を守る
5．周りの人と協力する

など、まずは日常生活の基本を習慣づけることが大切です。

●あいさつ

あいさつは好意のバロメーターともいわれます。「関わりたくないな」と思っている方に、あなたは元気よくあいさつするでしょうか。でも、仲良くなりたいと思っている方には、自分からあいさつをしていますよね。

あいさつには心を開いて相手に迫るという意味があります。ですから、自分から先に気持ちの良いあいさつをすることで、相手の心の扉も開けてもらえるのです。

ときには、あいさつをしたのに返ってこないこともあります。でも相手がしなかったから、もうしないというのは違います。相手がどうであれ、自分はあなたに好意を持っていますよ、敵ではありませんというアピールを続けることは大切です。続けていると、いつの間にか仲良くなっていた、などという話に必ずなります。他人はどうあれ、自分のあり方、生き方を作るのにあいさつは欠かせないものです。あいさつは心の扉を開く魔法の呪文ですから、たくさん呪文を唱えて出会いの扉を開けていきましょう。

●身だしなみ

服装の乱れは心の乱れに繋がりますから、相手に不快感を与えないような服装をすることは大切です。また、仕事場ではその場に合った身だしなみというものがあります。

身だしなみを整え適度な緊張感を保つことは、自己成長へも繋がります。

履物を揃えるという何気ない行動は、後始末であり次への準備であるのはもちろん、立ち止まって自分の足元をよく見ることの大切さ、足元（こころ）は乱れていないかという自戒、そして他の人の靴を揃える心の余裕があるかを計る心のバロメーターにもなるのです。

●時間を守る

相手があるとき、時間は一人のものではないとしっかりと心に留めておかないといけません。今は人生100年時代と言われていますから、100年間を時間にすると100年×365日×24時間、うるう年を入れると87万6600時間という限られた時間を生きています。その貴重な時間を頂いていると思えば、時間にルーズで相手を待たせるということは、相手の命の時間を無駄に使わせてしまうことになります。そういう意味でも、時間はしっかり守りましょう。

時間にルーズな人はお金にもルーズな人と昔から言われています。時間を守ることは信用を築くことに繋がり、お金からも好かれる人となるのでしょう。

●周りの人と協力する

決められたルールを当たり前に実行する習慣は、一朝一夕に身に付くものではありません。

ですから、最初はできないことがあっても全然大丈夫。最初からすべてを完璧にできる人なんてそういませんので、できない自分を駄目だと否定するのではなく、毎日少しずつできることを増やし、できる自分を褒めるというルールを作って取り組むと、だんだん楽しくなってきます。

そして習慣とは日々の積み重ね、薄い紙を積み重ねていくようなものです。ペラペラの紙が1枚2枚なら軽々と動かすことができますが、10枚、100枚、1000枚……と積み重ねていくと、重くて動かすことができなくなります。ここまでいくと身に染み付いた感覚と言えるでしょう。

ですが、ここだけ注意点。紙を丁寧に積んでいくと高いタワーができますが、ぐちゃぐちゃに置くと途中で崩れて高く積むことができません。ですから小さなことを一つひとつ丁寧に理解しながら積んでいくことを意識してください。理解しながら積む、「積善の家には必ず余慶有り、積悪の家には必ず余殃《よおう》有り」(善行を重ねた家には必ず善いことがあり、悪行を重ねた家には必ず悪いことが起こる)と言いますが、どんな習慣を積んでいくか、どんな善を積んでいくかで人生は大きく変わります。

仕事でも家庭でも皆の意識を合わせて良いこと楽しいことを重ねると、一緒に過ごす時間も空間も楽しいものとなりますね。

Step3

思考の習慣。

学校や社会生活にはすべての人が守らなければならないルールがあります。「やってはいけないこと」「やらなければならないこと」の区別は、なぜそうなのかという背景を考えることで判断できます。

やってはいけないこと、例えば「廊下を走らない」。走ってはいけないというルールを作ったのはなぜなのか、「靴を揃えなさい」というのはなぜなのか、ということにまで考えを巡らせる習慣を持つのです。言われた側も、その理由が分かるとそこに思いを乗せながら行動が起こせます。きっとただ「やる」よりも素晴らしい効果が生まれます。

●常時アップデートを繰り返そう

人間はそれぞれが無意識に自分の判断基準が正しいと思い込んでしまい、この判断基準（価値観）をなかなか変えようとしません。

携帯のアプリもアップデートを繰り返していますよね。同じように人間もアップデートしなければ、凝り固まって柔軟な発想ができなくなってしまいます。無意識の判断基準をアップデートさせるために内を観るという「内観」、言ってみれば頭の柔軟体操が必要です。

自分が正しいと誰しも思っていて、正義と正義のぶつかり合いがあちこちで起こっています。しかし、お互いに譲らなければいつまでたっても平行線です。ですから、ちょっとこんな風に考えてみてください。

Aさんが立っている所からは長い長方形が見えています。

Bさんが立っている所からは円形が見えています。

お互いに目の前にあるのは「長方形」「いえ、円です」と言い合いになっています。

そこで、冷静なCさんがちょっと離れて見てみようと提案し、少し離れて眺めた後、一周ぐるっと回って見てみると「円柱だった」と言うのです。

確かにAさんは真横から見ていたので長方形、Bさんは真上から見ていたので円に見えていました。両方正しいですが、どちらも全容を捉えてはいなかったということです。

見る方向だけでもこんなに違って見えるのです。

これはほんの一例ですが、自分が見たものと人から見えているものは違って当たり前なのです。

このように柔軟な発想ができるように、今日一日の自分を振り返り客観的に反省すべきこと、自分を褒めること、感謝すること、未来を創造することをちょっとだけ考える時間を持ってみてください。

子どもにもこの振り返る習慣をつけてほしいと、学校で起こったちょっとしたことに紐づけて声掛けをしています。

例えば、息子がお友達に肘で押されたと怒って帰ってきました。その時がチャンス！　今日の朝お母さんにひどい言い方してたよね。お母さんはとっても嫌な気分だったのよ。だから神様があなたに駄目だよねっていうお知らせを○○君にしてもらったんじゃないかしら？　だから、どうしていじわるしたのとその子に聞いても、きっと分からないと思うよ。あなたがしたことを神様が返してくれただけだから……とこんな感じです。

嫌なことが起きたときは自分に原因を探す、いいことがあった時は周りに感謝するという習慣ができれば、人生何倍も楽しめます。

あと一つ、前にも述べましたが心の状態は食生活と密接に関係しています。心に余裕がないと思考を変えていくというのはなかなか難しいものです。最近はキレやすかったり、心の病気など、先を深く考えることが困難なほど、自分が追い詰められて融通が利かない人が増えていますが、その背景にはミネラル不足という重大な問題が潜んでいるかもしれません。

ですから、心のケアには食の見直しが必須です。

●良い心の習慣

良い心の習慣とは、自由自在に立場を変え、意識を変えてみることです。

例えば、外に出ると雨が降っていました。あなたは先日買ったばかりの洋服を着ています。こんなとき笑顔になるでしょうか？　おそらくならないでしょう。

しかし、先日傘を買ったばかりだとしたらどうでしょう。きっと雨が降ったことを喜んで、早く傘をさして出かけたいと思うに違いありません。

雨が降ったという出来事は同じなのに、一方は笑顔になり一方は笑顔が失われるのです。状況は変えられなくても、意識や考え方は変えられるということです。

もう一つ、自分はいつも幸運を引き寄せると思っている人と、運が悪いと思っている人がいたとします。どちらが本当の幸運を手にできるでしょうか。もちろん前者ですよね。自己暗示をかけるのはプラスの言葉に限ります。

このように良い心の習慣が身に付けばあらゆる不安やイライラから解放され、何をするにも感謝ができますし、目の前の作業に集中できます。そうすると素晴らしい成功を手に入れることができます。

●貴重な時間

春夏秋冬、毎年同じように季節は繰り返しますが、去年と同じ春は来ていません。毎年同じように見えても同じではないように、この世に永遠に変わらないものは絶対にないのです。同じように感じる毎日でさえ、同じではないということです。そして先ほどの雨の話のように、すべての現象は条件によって変化するということをしっかりと感じて、良くない想像を始めそうになったら、心の切り替えスイッチを入れてほしいのです。心の切り替えスイッチを押せる習慣を持つことが大切です。

信頼やお金は取り戻すことはできますが、時間だけは元に戻せません。タイムマシンがあれば過去に戻ってやり直すこともできるのでしょうが……。

ですから、この貴重な時間をどんな気分で過ごすのかは、日々培った習慣の違いで変わってくるのです。

このように、思考の習慣、行動の習慣を積み重ねたものが内に宿る輝きとなり、内に宿る輝きが滲みでてくると真に穏やかな人となります。

そんな方と接すると、その人の強さを自然に知り、その人が頼れる人間であることを肌で感じ取ることができます。

心が愛で満たされたなら、明るく穏やかになってきて内なる輝きを放つのでしょう。子どもたちにはそんな人になってほしいと、まずは自分の習慣を振り返りつつ、反省する日々です。

第 8 章

スマイル

（Smile）

笑顔とは、笑みを含んだ顔。
わらいがお。【広辞苑より】

お母さんは家の中の太陽です。そのお母さんが笑顔であれば家庭は晴れですし、仏頂面なら曇り、泣いていたら雨、怒っていたら嵐です。

太陽光発電で電気が作られるように、お母さんの晴れの日が多ければ家庭のエネルギーも上がり、家庭全体が成長するエネルギーを生み出します。晴れやかな笑顔でいる時間が長ければ長いほど、子どもの心もパートナーの心も安定します。お母さんの笑顔には絶大な力があるのです。

Step1 自分の笑顔。

笑顔は目尻が下がって、口の両端が左右に広がり口角が上がった顔。とても優しい素敵な顔になっていますよね。大口を開けて笑った顔より品があるというか、親しみやすさも覚えます。

そんな笑顔の効果には、

- 血流がよくなる
- 老化予防
- 幸せになる
- ストレス解消
- 人生が楽しくなる
- NK（ナチュラルキラー）細胞が活性化して免疫力が上がる

など、最近は医学の分野でも脳科学の分野でも笑顔の効用が証明されています。

あなたが笑顔になっているときってどんなときですか？

- 気の合う友達とお茶して楽しい会話をしているとき
- 美味しいものを食べたとき
- 赤ちゃんの笑顔を見ているとき
- 子犬や子猫を見ているとき
- 推しのアイドル、推しのキャラクターを見ているとき

・おもしろ動画を見ているとき
・ゲームをクリアしたとき
・子どもの寝顔を見ているとき

など、思い浮かべるだけでも笑顔になりますね。

その中でも最高の笑顔をしていたときがあなたにも必ずあったはずですが、覚えていますか?

そう、それは誰にでも絶対にあった時間、赤ちゃんのときです。

生まれて間もない赤ちゃんがニコッと笑うと、つられてこちらも思わず微笑みがこぼれますよね。生まれて間もない赤ちゃんが笑うのは「生理的微笑(新生児微笑)」といい、あくまでも意志とは無関係な〝筋肉反射〟の一つと言われています。

これは生きていくための知恵、いえ本能なのです。人間は動物と違い、生まれてから歩き始めるまでに1年はかかります。そこから自分で生活できるようになるまで、さらに5年はかかります。平和な日本だと18歳くらいまでは独立した生活をしないかもしれませんが……。

生まれたての赤ちゃんは、抱っこもされず、話しかけもされなければ、死んでしまうと言われています。

そんな弱い存在の赤ちゃんは「身を守る本能」として、「笑い」を生まれながらにプログラミングされているというのです。

あの天使の微笑みを見たら「抱っこさせて」と思わず手を伸ばしたくなり、百面相の顔はいつまでも眺めていたい。ほんと、メロメロになっちゃいますよね。

二カ月を過ぎた頃から、周りの人に反応して笑う「社会的微笑」が見られます。まだ言葉が話せないのに、顔の表情でコミュニケーションをとるのです。言葉が通じなくても泣いたり笑ったり、声や音に反応してくれるので、周りの人たちはかまいたくてしようがなくなる最高の時期です。

赤ちゃんはたくさんの笑顔を振りまきながら弱い自分を「笑顔」という武器で守り、自立できる日まで育ててもらっているのです。

病院を受診したとき、お医者さんや看護師さんにちょっと笑顔を向けられただけで、不安な気持ちがすっと消えていった経験はありませんか？　また、生まれて間もない赤ちゃんに微笑みかけられたとき、小さな子どものスマイルは、思わず微笑み返したくなるようなほっこりした気持ちになりますよね。自然に顔がほころんでくるあの気持ちです。赤ちゃんや子どもは一人では生きていけません。親や関わりのある人たちに、笑顔で精一杯の施しをしてくれているのです。

そうやって笑顔を振りまいていたときが誰にでもあったのです。

少し話はそれますが、ペットも同じです。ちぎれそうな勢いでパタパタと尻尾をふって駆け寄ってくるわんこちゃんの表情もとびっきりの笑顔。見ているだけで癒されて、愛おしい存在です。言葉が話せなくても態度や顔でコミュニケーションはとれるものなのです。

●笑う門には福来る

声を出して笑うと幸せが口から入ってきて、ため息をすると幸せが逃げる。

こんな話を聞いたことありませんか？　ため息は体内の幸せが本当に逃げてしまうようです。ため息をつく時は背中を丸め、下を向いています。その姿勢だと体の中に酸素を取り込みづらくなり、呼吸が浅くなります。そうすると頭にも酸素が届かなくなり、思考がゆっくりになって、頭の切り替えもうまくいきません。

下を向いて吐くため息の分だけ、大きく口を開けて笑いましょう。必ず幸せが体内に入ってきます。たかが笑顔とバカにせず、笑顔の習慣を身に付けて人生を豊かにしていきましょう。

「笑う門には福来る」「笑う顔には福来る」です！

毎日が笑顔だらけの楽しい時間で満たされていたら、こんな幸せなことはありません。とはいえ、晴れの日があれば雲りの日もあり、そして雨の日も嵐の日もあるのが私たちの日常です。そんな時は笑顔も曇ったり、泣いたり……。それもまた変化があり人間らしくていいのですが、通り雨のようにできるだけ短く終わらせたいものです。

Step2

微笑みビームで笑顔の連鎖を広げよう!

人が笑っていると自然と自分も笑顔になります。最近、カフェやレストランに入っても、仏頂面の店員ややる気のなさそうな顔をした店員をめったに見かけなくなりました。注文をとる際にも会計の際にも、自然な笑顔で応対してくれる店が増えてきました。それだけに、たまに客の顔一つ見ず、笑顔一つなく注文をとる店員に当たるとギョッとします。

仏頂面で注文をとる店員や、やる気がなさそうに壁際で突っ立っている店員がいるお店は、不景気の影響をもろに受けバタバタと消えていきます。こんな状況を打破するために何とかしなければと「笑顔」を〝標準装備〟とし、活気のある店作りをしてきた店は、不況知らずとなっています。

味の向上とともに、お客さんにとって心地よい接客の基本であり感じのよい笑顔のサービスを心掛けなければ、生き残っていけない時代なのでしょう。

話は戻りますが、赤ちゃんの顔を見ると自然に笑顔になってしまいます。

それは赤ちゃんに限らず言えることで、笑顔の人の周りには笑顔の人と笑顔になりたい人が集まってきます。

引き寄せの法則、ミラーの法則の作用ですね。

そもそも「ミラーの法則」とは、これは言葉の通りあなたの周りにいる人（家族、夫婦関係、仕事関係、友達関係など）は、「あなた」の映し鏡のように反映されているという法則です。

「スピリチュアルな話でしょ」と思う方もいるかもしれません。ですが、決してスピリチュアルな話ではないのです。

ミラーの法則とは人との関わりの中で必ずある法則です。

例えば落ち込んでいる相手に励ましの言葉を掛けてあげたり、誉めてあげたりする。

また、いつも笑顔で接するなど、プラスのパワーを送っていると、自分のところに様々なものがプラスの方向に返ってくる。

逆に、相手に対して「あいつはダメだ」とか「お前のせいでだめになった」などのマイナスパワーを送ると、必ず自分のところに、色々なものがマイナスの形で返ってくる。つまり自分の行動が鏡のように跳ね返ってくるという法則です。

私は子どもの頃、母によくこう言われていました。「あなたのしていることは天に向かって唾を吐いているのと同じよ。必ず自分に落ちてくる。だから言動には注意しなさい」

これがミラーの法則だったのです。

私が息子に同じことを言ったら、「唾を吐いてもすぐよけたらいいじゃん。」と言い返されてしまいました。言い返せるほど大きくなってくれて幸せなことなのだと心を静め、言い方を変えてみました。

「神様はポイント制だから、プラスのポイントが貯まると良いことがたくさん起こるし、マイナスのポイントが貯まると大変なことが降りかかってくるよ。神様ポイントは目に見えないから、どのくらい貯まっているかは目の前で起きることが『嬉しい良いこと』なのか『嫌なこと』なのかで判断するんだよ。

プラスのポイントは人が喜ぶこと、笑顔になることで貯まるし、もし嫌なことや困ったことがあっても『ありがとう』と笑顔になれたときはなんとボーナス神様ポイントが付くよ。逆にマイナスのポイントは人が嫌がることをしたり悲しい気持ちにさせたりすることで、ポイントが奪われてしまうんだ。喧嘩なんかはマイナスだね。お母さんは少しプラスポイントがあるから、どこに行っても駐車場の良い場所が空くでしょ。良いことが起こったらそのときすぐに『ありがとうございます』と笑顔で言えたらポイントは使っても減らないよ。そういう事だよ」

こう言うと、納得していました。これがミラーの法則だということに、きっと大人になったら気付いてくれると思います。

このポイントは子どもだけではなく、大人も同じです。

自分に降りかかってきたクレームやトラブルはボーナスポイントのチャンス。この時こそニッコリ笑顔で対応すると、大きなボーナスポイントが受け取れます。

このミラーの法則や引き寄せの法則も科学で解明できるところまで、時代は進歩しています。決して迷信でもスピリチュアルでもないのです。

●脳科学的に説明すると

ここからは少し難しくなるので、科学的説明が要らない方は読み飛ばしてください。

脳細胞というのは、オンになったりオフになったりして、信号を他の細胞に送ることで情報を処理しているのですが、その中にミラーニューロンという神経細胞が発見されました。

サルの研究で発見されたのですが、人間の脳内にもミラーニューロンはあることがわかっています。

このミラーニューロンはその名の通り、「鏡のように反応する脳細胞」なのです。研究で分かったことは、他人の行動を理解するために、人は自分の脳内でその行動を真似しているということでした。

つまり真似をして、その結果、同じような感情を味わうことで、相手が喜んでいることを理解するというのです。

人間の脳は自他の区別がつかないと聞いたことがありましたが、まさにこのことだったのです。

人が持つ共感能力というのは、ミラーニューロンの働きによるものだったのです。あなたが誰かに対して笑顔で対応すると、ミラーニューロンの働きによって、相手は無意識にあなたの笑顔を自分の脳内で真似しています。

つまり、自分でも脳内で笑い顔を作るわけです。

その際には、少しだけ実際に笑顔になったときの感情も真似されることになるので、当然、実際に笑顔になったり、あるいは楽しい気分になるという変化が起こるわけです。

こうして笑顔の人の周囲に楽しい雰囲気や他の笑顔の人が集まることになり、「引き寄せの法則」は現実のものになるのです。

量子力学的に言うならば、人間の肉体は突き詰めれば素粒子の集まりで成り立っています。素粒子はくっつきやすい性質を持っているため、同じ波動のものが引き寄せられていきます。

笑顔の波動を出す人には笑顔の波動の人が引き寄せられ、愚痴ばかりいう人には愚痴を言う人が引寄せられます。

周りに笑顔ビームを発射していると、それを見た人は同じ笑顔を脳内で真似して笑顔になっていき、笑顔の波動が共鳴して引き寄せられるわけです。

つまり、いつも笑顔でいることは人助けにもなるのです。

●笑顔は潤滑油

「笑顔」は人の心のコリを和らげてくれる潤滑油のようなものです。

仏教に「和顔施《わがんせ》」という言葉があるのをご存知でしょうか？　お金や物で人に施しができなくても、和やかな笑顔で人に接していれば、それだけで施しになるという意味です。

笑顔の効用はすごいですね。相手も自分も気持ちよく過ごせるように、幸せをもたらす笑顔の連鎖を広げましょう。

清らかで優しい思いで心を満たしていれば、人々の心を和ませ、ただそこに居るだけで周囲の人たちに素晴らしい影響を及ぼす。そんな人になりたいものです。

Step3

笑顔で体と心の健康を手に入れよう。

笑顔は、明るい心、楽しい気持ちの反映、そして第一印象を決定する切り札です。

しかし、医学的にはもっといろんな良いことがあります。

例えば「免疫機能」を高めてくれます。免疫機能はがん細胞を攻撃し、バクテリアをやっつけ、外敵に対し強い体を作ってくれます。

それだけではなく「自律神経」も調整してくれます。

自律神経は睡眠の状態を良くし、腸の働きを良くし、呼吸を整え、手足を温めるなど、体のバランスを上手に保つ指令を出す神経で、「健康」を支えてくれているのです。

笑顔はそういう「内なる力」も高めてくれるのです。

また、２００６年にロンドン大学が発表した研究では、笑いは「周りの人の脳を活性化する」ことが分かっています。

笑い声を聞いた方の、笑顔を作る筋肉をコントロールする脳領域を活性化させます。

分かりやすく言うと、あなたの笑いは、「周りの人の脳をくすぐり、笑顔スイッチを準備する」というわけです。ですから、笑顔は自分自身の心と体の健康のため、そしてあなたの新しい出会いを成功させる大切なカギとなるのです。

「笑うと免疫力がアップし、ガンが予防できる」とこれまでも述べてきましたが、笑うことは人を和ませるだけでなく、自分の健康にも良いというのは事実です。

●作り笑顔でも心は変わる

人の顔にはおよそ24種類の筋肉がありますが、日常使われているのはほんの2〜3割程度。普段はほとんど意識されていないこれらの筋肉は、衰えると表情が乏しくなるばかりか、タルミやシワといった老化現象も招いてしまいます。

「一笑一若一怒一老」。「一つ笑えば一つ若くなる」高僧が揮毫《きごう》した掛け軸などで見かける言葉です。感動したり、大笑いしたり、感謝の気持ちを持つことで寿命は延び、怒ったり落ち込んだり、悪口を言ったりすることで寿命は縮まります。たしかに笑いは身体に良いのでしょう。

これは、柴田病院難治疾患研究部の伊丹医師が大阪・ミナミの「なんばグランド花月」で吉本興業の芸人による漫才や落語、新喜劇を観賞した人に対して血液検査を行い、18人中14人のリンパ球のNK細胞の活性値が上昇したという実験結果から導かれた説です。落語を聞いて大笑いした後のリウマチ患者の血液を調べたところ、笑う前に比べてデータが劇的に良くなったという実験例もあります。笑いには免疫力を高める効果があるのです。

ただ、やみくもに笑えばいいというものでもありません。「にやり」「にたり」そして「にっこり」。笑いにも色々あります。笑いが対人関係のメッセージとなるとき、重要なのは「笑顔」です。笑顔は本来意識してつくるものではなく、表情として自然に出てくるものですが、顔の健康のため、更には明るく世の中を渡っていく心の健康のために、笑顔トレーニングで磨きをかけるのも良い方法です。

脳は簡単に騙せますから、無理やりにでも笑顔を作る。そうしているうちに本当に気分が楽しくなってきて本物の笑顔となり、その笑顔が心の余裕を生み出します。たかが笑顔、されど笑顔です。

いつもニコニコ顔のお母さん、難しい顔をしているお母さん、いつも泣いているお母さん、いつも怒っているお母さん。

お母さんのイメージってどれでしょう？

私のイメージする母はニコニコ顔です。

子どもたちはお母さんの顔色をよく見ているもの。子どもの情緒と母の情緒はしっかりとつながっています。

喘息を持つ子どものお母さんは意外と細かくて、子どもに有無を言わせない傾向があります。そういう例をたくさん見てきた体験から、お母さんやお父さんがガミガミと強い口調で言う家の子どもは、言いたいことを飲み込んでしまう傾向にあるようです。というより、何か言おうとしても上からかぶせるように言われるため、何も言えないのかもしれません。

そうすると、子どもはいつも自分の中に思いを閉じ込めてしまいます。この締め付け感が子どもの体に影響していくのです。

親も子も元気で楽しく過ごすには、ニコニコの時間が長い方が良い。もちろん褒めてばかりではなく、ダメなものはダメ！ というのも大事です。

今では大概のことを笑い飛ばせる私ですが、子どもの頃は〝への字口〟の面倒な子どもでした。気に入らないことがあると部屋の片隅にうずくまり、しくしく泣く。「どうしたの」と聞かれてもなかなか答えない、とんでもなく手のかかる子だったのです。しかし母は根気よく話を聞いてくれ「なんだそんなこと！　なんでもないじゃん」と笑って対処してくれていました。

そのおかげで今では笑顔の母、そして健康優良児になっています。（考え事をしているととても怖い顔になっているようですが……）

そういえば、息子が２〜３歳の頃、胎内記憶ってあるのかなと思い「どうしてお母さんを選んだの？」と聞くと「めっちゃ笑っていて楽しそうだったからお母さんに決めたの」と言っていました。

子どもができないと言われていた私のところに来てくれたのは、笑顔が引き寄せた奇跡だったのかなと思います。

●笑顔でいることは、それを見た方も笑顔にする

この愛の泉を掘り起こすために、人には様々な試練が起こるのかもしれません。

自分の命に感謝ができた時、心の底から沸き起こる愛の泉から感謝が溢れてくるのです。感謝とは愛の泉から湧き出るもので、頭で考えているうちは本当の意味で人に影響を及ぼすほどの笑顔はできないのかもしれません。

第9章

素直

(Sunao)

素直とは、

⑴　性格や態度にひねくれたところがなく、
　　あえて人に逆らったりしないさま。

⑵　技芸などに癖がないさま。

⑶　物の形がまっすぐであるさま。

⑷　飾り気がなくありのままであるさま。

【広辞苑より】

学力にしても仕事にしても、伸びる人の条件は必ずと言っていいほど「素直」であると言われます。素直な人はありのままを受け入れ、人の話をよく聞き、すぐに真似てやってみています。そのとき、固定観念というものはいったん外しておく、それが素直の第一歩です。

自分を振り返ってみると、テレビを見ているときも、本を読んでいるときも、自分の心で批判しながら観たり聞いたりしている気がします。

しかし、それでは自分でバリアを作ってしまい、せっかくのチャンスやご縁をはじいてしまうのです。

素直であることは簡単なようで一番難しいのかもしれませんが、このスキルを手に入れることができれば世界は変わって見えるように思います。小さな子どもは常識や固定観念は持っていません。だから子どもの吸収力はすごいのです。

いくつになっても頭を柔らかく、素直でいることで、人生は100倍、1000倍豊かに楽しめると思います。子どもたちが「素直」なまま大人になれるよう、母である私も素直でありたいものです。

Step1

相手の話をよく「聞く」。

素直な人とはどのような人なのでしょうか。辞書の解釈をそのまま用いれば、

・癖のない人
・まっすぐな実直な人
・飾らない人

自己主張はしないが、融通が利かない、それでいてひねくれていないおとなしい素朴な感じの人。

私の思う「素直な人」は人の話をよく聞き、すぐに真似てやってみる人です。

●素直の第一歩は固定概念を外して人の話をよく聞くこと

「聞く」を辞書で調べて並べてみると、

・聞く↓聴く↓訊く↓利く↓効く

と繋がってきました。

人間は誰しも人に認めてもらいたいという思い（承認欲求）を持っています。

「女性は会話で感情を共有し、男性は事実を共有する」と言いますが、特に女性は共感してもらえた事で気持ちが軽くなり、落ち着いてくるのです。

話を聞いてもらうという事で、自分を認めて分かってもらえたという安心感を得られます。そのため、話の途中で割って入ってきて話題がすりかえられたり、真っ向から反対意見を言われたり、説教されたりなどすると、なんだか心が晴れず、「この人に話さなければよかった」とかえってストレスが溜まるのです。

話を聞いているうちになんだかイライラしてきたり、反論したくなるのは、自分の価値観を相手に押し付けようとするからです。心を落ち着けて冷静な自分を横に置き、「そういう考え方もあるのだな」と、常に相手を理解し受け入れる第三者の立場で聞くと、話に飲み込まれずに最後まで聞くことができます。

●人を癒す力

傾聴（よく話を聞く）すること自体に「人を癒す力」があります。癒された人は聞いてくれた人に絶対の信頼を寄せていきます。それは、自分を受け入れられたという安心感が大きく作用しているからです。

先ほども述べましたが、人には承認欲求があります。それを満たすことで相手はとても良い心地になり、癒されるのです。注意点としては、本音と建前がかなり違うこともあるので、声色や表情を見て、相槌を打つように自然に質問を投げかけ、本音を聞き出すことです。コーチングのスキルにもありますね。

相手の思考の癖を見抜けないと、地雷を踏んで関係性が崩れることにもなりかねません。良い関係を続けるためにも、この点には注意しましょう。

●信頼できる人のところにはたくさんの情報が集まってくる

たくさんのアンテナを持ち、受信の幅が広がると、何をするにも皆が助けてくれるようになります。自分が発している言葉に注意を払って聞く事で「利」と「害」のどちらを多く自分が求めているのかを知ることができます。

・話を聞ける人↓厚い信頼↓情報が集まる↓なくてはならない存在

となっていきます。話を聞いてあげるだけで、相手は話しながら自分で問題解決の糸口を掴み、策を講じて実行することができるようになっていきます。

聞き手が良いと、ただ聞いてあげることだけで、相手の能力を大きく引き出せるのです。聞いているだけで、よい環境を作り出すことができ、思い通りの人生を歩んでいくことができるのです。

聞くってなんて素晴らしいのでしょう！

●自然の音から人の言葉へ

「聞く」べきなのは人間の声だけではありません。風の音、水の音、木の葉の揺れる音、鳥の声、動物の声など自然の音を聞くことも大切です。

太古の昔は、人間にとって自然の音がとても重要で、そのときの状況や次にどう行動すべきかは音から判断していました。このことは生命を維持するためにとても重要だったのです。

人間は進化して「言葉」という素晴らしいツールを手に入れ、「言葉」を使うようになると、次第に自然の音を聞く機会が少なくなっていきました。その代わりに、人とのコミュニケーションをより円滑に行うために話（言葉）を聞く機会が増えたのです。

話を聞くことは生命維持に必要不可欠ではないにしろ、上手に聞くことのできる人と、そうでない人では、人生において大きな違いが生じます。

コミュニケーションの大切さは誰しも実感していますが、特にパートナーや子どもの話はぞんざいに扱いがちです。今は「聞く」事によって人との関係に大きな変化が起こります。ただ聞くだけで家庭円満が手に入るのです。

●自分の発する言葉を聞く

人生は環境によって大きく変わりますが、その環境を作っているのも自分自身です。人の話を聞くだけでなく、自分が発している言葉を良く聞いてみることもとても大切です。

まずは自分の話を自分で聞いてみる。自分が聞いても心地よい話（言葉）となっているでしょうか？　自分が聞いて不快であれば、他人が聞くともっと不快です。そうすると人は何も言わずに離れていきます。

まずは自分をよく観察することが大切です。自分はどんな言葉に反応するのか、怒りのスイッチ、喜びのスイッチなど、たくさんのスイッチを探しておきましょう。

ある朝、息子に「早く着替えなさい」と言ったのですが、その後ふてくされた様子の息子。何に腹を立てたのか分からない母としては、「意味がわからない」と怒りの感情が湧いてきます。どうも「早く」という言葉に反応するらしいと分析。自分を振返ると「早く○○して」という言葉は私も不快に感じます。

と、このようにデータ取りをしていきます。また、声のトーンや言い方を変えて試してみるなど、少しずつ自分なりの実験を繰り返してみると、見えてくるものが変わってきます。

聞くということは、自分の見えるものを広げるための學びです。

狭い視野で物を捕らえようとしても物事の本質は見えてきませんが、広い視野なら全体が良く見え、物事の本質を掴むことができるのです。

家の庭から見える景色と高い山に登って見渡す景色では見えるものが違うということです。

「井の中の蛙大海を知らず」とならないように気を付けましょう。

●メガネを外して広い価値観を持とう

広い価値観を持とうとするなら、まずは自分を開かなくてはいけません。閉ざされていると何も入れられません。新しいものを入れるためにはまず器を空にしておかなければ入れられないのです。オレンジジュースが満タンのグラスにリンゴジュースを入れようと思ったら、グラスを空にしてから注ぐか、新しいグラスを持ってくるかです。

そして、自分のかけている色メガネ（固定概念）を外します。この色メガネがくせもので、前しか見えない上に色がついています。立場や年齢、肩書きなどで勝手に人物像を作ってから話を聞いているのです。

とはいえ、人は服装や雰囲気から「こんな人」と第一印象でフィルターをかけてしまいがちです。だからこそ色メガネを外す術を取得しましょう。

立場も年齢も知らずに出会う人だと構えずに話が聞けるのは、色メガネをかけていないからです。たとえ気が合わないと思う人や価値観の違う人との会話でも、色メガネを外して付き合えば、実は宝の山を掘り当てることになるかもしれません。

合わないなと思う人に出会ったらラッキーと思い、まずは話を聞いてみることです。

●「學ぶ」とは「真似る」

旧漢字の方がしっかり意味が詰まっているので、ここではあえて學という字にしています。「学（學）」は、音を表す「爻」を両手で下にいる子どもに届けている姿とも言われています。學とは真似《まね》ぶこと。まずはマネするということ。子どもが大人のすることを真似るように、まずは頭をまっさらにして真似てみる。何も考えずというのは思い込みをなくすということです。ただただ真似をしてみる。まずは型を覚えるのです。何度も何度も真似ているうちに、だんだんとその真意が見えてきて世界が変わってきます。するとちょっとした行動や気持ちが変化してきます。「學ぶ」ということは「変わる」ということなのだと気が付いてきます。

學びとは、「気付き」なのです。何かに気付く自分、心構え、これは常日頃から心のアンテナをピカピカに磨いていると精度が上がります。思い込みのメガネはとても曇っているので、これをかけていると、なかなか気付きは起こりません。

それでは「気付く自分をどう創るか」というと、これは「素直さ」しかありません。聞く耳持たぬ（これ以上聞く気はない）。と跳ね返してしまってはせっかくのチャンスを取りこぼしてしまいます。

素直に心を開いて、まず聴くこと。これがなかなか難しいのです。

でもね、だってね、とついつい自我がひょっこり出てきます。

●「はい」の返事

我が家には松原泰道さんの書かれた「はい」と書いた色紙が掛けてありました。「拝」という字の意味は、ていねいに敬礼する、ありがたく受ける。つまり「はい」という返事には、相手を敬う気持ちが乗っています。また、相手の呼び掛けに感謝して受け取る気持ちの現れですから、「はい」という字は素直の象徴、という事で書かれたものです。

子どもに返事を教えるときは、「お返事はハイだよ」と言いますよね。私の母は、「ハイは一回。ハイ喜んで、だよね」と言っていました。なぜ一回なのかというと、「あーはいはい」という返事が聞こえてくるからです。二回言っているときの心境は、「また、うるさいのが始まった」「またか」という心。

関係が近い相手にはつい口走ってしまいがちですが、この返事では自分フィルターがかかっていて、素直な気持ちで受け止めることはできません。

自分の価値観を広げる學びだと思い、近しい相手でも、二回目の「はい」は飲み込んで、「はい喜んで」と素直に聞くことを実行しましょう。

その時の注意点は自分の価値観（また言ってる、うるさいなぁ）をはさまずに、「素直に」です。そうすると必要な情報がどんどん向こうから近づいて来るようになってくるから不思議なものです。

「素直さ」とはどんな事でも、どんな人の話でも、まずは心を開いて、聴いてみる。

そこには新しい気付きが待っています。

●気付きと學び

気付きは身近なところにたくさんあります。

机にかじりついて勉強することだけが學びではなく、散歩をしていても、ドラマを見ていても、漫画を読んでいても、學ぶところはたくさんあります。

漫画でいえば、私は最近こんなことを感じました。『鬼滅の刃』に出てくる、人々を守ってくれる鬼殺隊の最高位の剣士を「柱」というのですが、神様も「柱」と数えます。「柱」の種類でいうと、炎柱、風柱、岩柱など、古事記に出てくる神様と共通点があるな、といったことも気付きです。そこから興味が湧いて色々と連想したりすると新たな発見があったりします。

このようにテレビや漫画を見ているとき、子どもと過ごす時間、赤ちゃんをあやしているとき、ペットと戯れているとき……等、日常の中にはたくさんの學びと気付きがあふれています。そして「素直」の感性を磨いていくと、落ち葉や河原の石からも気付きを得られる境地にたどり着きます。

素直でいることがいちばん難しいのは、相手が人である時です。

素直に相手を理解するということは、その人の価値観を受け入れることです。たくさんの価値観を學ぶことで自分の幅が広がり、色々な物の捉え方が変化していき、人間関係が円滑になり、信頼が厚くなります。

●上手に話を聞くために

会話とはある意味、相手の情報をストックする絶好の機会です。何を好み、何を信じ、何を楽しみに生活しているのかを知ることで、相手と密なコミュニケーションが可能になり、深い絆を作る糸口となります。

話をしている人に体を向け、頷きながら聞く。そうすることで話している方は話が次々に出てきて、自分で解決の糸口までも導き出すことができ、すっきりした気分になってくれます。

そこで、自分の意見を押し付けてしまうと台無しになってしまうので要注意です。自分が話しているときに、相手にされてイヤだと思うことは絶対にしないことです。

聞く時のマナーは、

- 次に自分が何を話そうか考えない。
  ⇓ 考えている時点で相手の話を聞いていない証。
- 相手が言いたいことを勝手に想像し、決めつけない。(判断しない)
  ⇓ 相手が話しているときに口を挟んでしまうから。
- 批判しない、評価しない。⇓ 自分の価値観を押し付けない。
- 同情しない。⇓ 話に巻き込まれていくから。

などです。

自分がつらくならないことだけを考えてしまうと、相手への配慮を怠ってしまうことがあります。聞くマナーはしっかりと守らなくてはいけません。

●上手に話を聞くポイント

意識して話を聞いてみると、聞き方で自分の反応がずいぶんと変わります。

相手を肯定するような相槌を打つ。時々おうむ返しをする。

話し手が支離滅裂な話をしていたとしても、頭の中で話を組み立てなおし、ポイントを明確にすることで何が言いたいのかを理解する。言葉にしていない言葉を察して、本音を聞き出す。声音を聞き分け表情や仕草を読み取る。音になっていない部分を感じ取る「聞く力」を磨くことを意識する。

話し手の沈黙は充電時間、じっくりと待つ。話は最後まで聞き、早合点しないよう注意を払う。話の途中で自分の話を始めない。出過ぎたアドバイスはしない。

相手は聞いてほしいだけで、アドバイスがほしいとは思っていないことが多いのです。相手の価値観を認め（尊敬の意を表す）、決して否定しないことです。

思い込みを捨て、耳と心を開いて人の話を聞く。悪口には乗らない。また、マイナスな話になった場合に限り、話題をさりげなく変える（聞いたマイナス感情は、自分の中に溜めずに流す）。相手の言葉に反応しない（振り回されない）。

自分がどういう反応を示しているのか、その反応をするのは何が原因で反応しているのかなど、自己分析をする目的で聞くと、話もより面白く聴けます。

人は自分の鏡です。今、自分が聞かされていることは何を意味するのかを自分に問いながら、素直に受け入れましょう。

Step2 「學ぶ」 学べば学ぶほど学び足りないことを知る。

相手から引き出す内容の深さ、多様さはそのまま自分の深さと多様さになります。聞くことでの學びは大きく、自分の価値観を前面に出して聞けば、違った色に染まってしまいます。それが「誤解」というものです。話をする側と受け取る側のキャッチボールがうまくいかなければ、大きな誤解に発展します。

すべてを受け止めている五感は、ほんとうは心の働きであると思います。

学生時代に目は二つ、耳も二つ、でも口と鼻は一つなのはなぜ？　と聞かれたことがあります。その時は、目はものを認識するための目、そして見えないものを察するための心眼の眼で、耳も音を聞くだけの聴覚としての耳、その奥の思いを感じるための耳、口はいらぬことを言わないように一つと答えました。

その後、こんな記事を見つけて納得したのです。

「心不在焉、視而不見、聴而不聞、食而不知其味」（こころ、ここにあらざれば、みれどもみえず、きけどもきこえず、くらえどもそのあじをしらず）
（『大学』より）

よく見える目をもちながら大事なことを見逃すのは、見る気がないからだ
よく聞こえる耳をもちながら大事なことを聞き逃すのは聞く気がないからだ
よくできる腕をもちながら大事なことに手抜かりするのはやる気がないからだ
人生にとって大切なことは　見る気になって見聞く気になって聞きやる気になっ

てやることだ

（遠藤俊夫『幸せの種まき運動』より）

五感は使う気にならなければ使いこなせないということです。せっかく与えられている五感をフルに使わないなんて、もったいないです。

五感を使えるかどうかは、どれだけ「素直」になれるかどうかがカギです。素直に心を開き「みる」「きく」「あじわう」に徹することによって、多くの学びと気付きを得ることができるのです。

「自分を空にして聞く」、これが「聞く」の極意ではないでしょうか。

Step3 こだわらないでいられる、寛容な愛と感謝の心。

松下幸之助さんの話に出てくる「素直」の解説は、こうです。

「素直な心とは、寛容にして私心なき心、広く人の教えを受ける心、分を楽しむ心であります。また、静にして動、動にして静の働きのある心、真理に通ずる心でありま す」。

素直な心。「心」とはどこにあるのでしょうか。「胸に手を当てて考えなさい」などとも言います。頭で考えるから頭……そうでもないです。前にも述べましたが、物事の中心は肚、腸で考えて脳に指令を送る脳腸相関という事実が研究で明らかになっています。今から七十年以上前から言われていましたが、やっと常識となりつつあります。

いつも素直な心でいるためには体が元気であることがとても大事です。体が弱ると心を平常に保つことは困難になるからです。

素直な心になって自然の理法に従っていれば、必ずうまくいきます。自然の理法に従うとは、やるべきこと、なすべきことをやっている状態です。

お日さまは、毎日きちんと東から出て西に沈みます。そして、春が来て、夏が来て、秋が来て、そして冬が来ます。

このように、人間もやるべきこと、なすべきことがきちんとできているかどうかなのです。素直に自然の理に従うというのは、簡単なようで、なかなか難しいものです。

しかし、この「素直」を極めることが、ほんとうの幸せを感じられる近道なのは間違いありません。

素直は奥深い。奥まで進んでいこうとするならば、頭で考えることを止め、五感で感じることを意識すると心は素直に近づいていきます。「素直」、その奥を覗いてみるとそこには愛の泉があります。愛に満たされれば、何にこだわることもなく、憂えることもありません。

いつも愛に満たされ愛をふりまく母でいることが、夫婦円満、家庭円満の秘訣であり、人生を楽しくする秘訣なのです。

第 10 章

責任

(Sekinin)

責任とは、

人が引き受けてなすべき任務。

【広辞苑より】

親が果たすべき責任は、成長した子どもが独り立ちし、幸せに生きていけるような智慧を授けることだと思います。一般的に知恵といえば物事の筋道を立て、計画し、正しく処理していく能力の事を指しますが、ここで言う智慧とは、物事の真偽、善悪を見抜こうとする力です。

昔の人たちは環境に応じて一人で食べていけるように教育をしていましたが、現代社会では過保護になりすぎている気がしています。

昔の教育とは生きるための智慧を身に付けるための教えであり、知識が智慧になるような素地を一緒に育てていました。

自分の機嫌は自分でとりなさい、自分のしたことの責任は自分でとりなさい、人のせいにしてはいけない……。何かが起きたとき、それに対して対処する任務や義務を果たすのが責任をとるということなのですが、今はこれがきっちり身に付いている人が少なくなっている気がするのです。

既に述べましたが、毎日は決断の連続で、その決断をしているのは自分自身です。人のせいにしてしまえば、今の苦しみから逃れることはできるかもしれませんが、必ず自分に返ってくるという宇宙の法則を思えば、覚悟を決めて、自分の発した言葉や行動には責任を持つことを徹底しておく方が結果的に楽な道となるのです。

神様ハラスメントと私は笑って話しますが、現状から逃れようとすればするほど、安易な道を選ぼうとすればするほど、試練がやってくるものです。であれば、最初から自分のすることに責任を持つという事を肝に銘じて生きて行く方が幸せへの近道なのです。

学校で人がわが子に揚げ足をとって嫌なことを言ってきたとしても、見えているものは自分の発したことが返ってきているのだと思えば、自分が同じようなことをしていないかを探します。もちろん人間ですから、その時は怒りや悲しみの感情が湧きますが、宇宙の法則を思い出せば相手の挑発に乗って感情を暴走させずにいられます。負の感情はなるべく早く手放すに限ります。人を呪わば穴二つと言われる穴は、相手を落とす穴と自分が落ちる穴なのです。

このことを知っていれば、子どもたちが成長し大人になって困難な局面に遭遇しようとも、決して心が折れることはないと思います。

Step1

喜んで進んで、気持ちよく行動をしよう。

整理の章でミラーの法則の話をしました。自分が発した言葉は自分にブーメランのように戻ってくるという話です。気持ちよく喜んで進んで行えば、喜んでできることが引き寄せられますし、嫌々行ったならば、次も嫌だなと思うことが引き寄せられます。また、頼まれごとを嫌々するのか、気持ちよく喜んで進んでするのか、どういう心持ちでするのかで結果は変わってきます。自分から喜びのオーラ（波動）が出ているのか、嫌々オーラが出ているのかが違うからです。

大宇宙に存在するすべてのものは、小さくしてみるとすべてが原子の集まりで構成されています。お茶碗も洗濯機も飛行機も人間もみんな原子の集合体という意味では同じです。

そしてすべての原子は波動（心、念《おも》い〈強く願ったこと〉）からできています。お茶碗もこんな形のものが欲しいという念いから作られ、洗濯機は洗濯の重労働を軽くしたいという念いから考え出され、飛行機は鳥のように空を飛びたいと念ったことから作り出されています。

一番最初にあるのは心の波動で、念じたことが形になるのです。心の波動が口から出てくるのが言葉ですから、どんな言葉を使うかで、目の前に見える世界は変わります。そのためいい言葉（波動）を出していると、現実にいい世界が現れてきますし、悪い言葉（波動）を出していると現実は悪い世界が現れます。

日本は古来より言葉をとても大切にしてきました。それはこのことを知っていたからなのです。ですから言葉は「言霊」と言われていたのです。

こうしてみると、いい世界が見えているときは自分も良い波動が出ていて、悪い世界が見えているときは自分が出している波動もよくないことがわかります。

悪いことが起きているときは自分をよく振り返り、修正すればいいのです。しかしこのことに気が付かないで、こんな嫌なこと、困ったことが起きているのはあの人のせいだ、神様はなんてひどいのだなどと不満を口にして、人のことを責め、悪い言葉と波動を出し続けてしまうと、もっと大変なことが次々と起きてきます。

人を呪わば穴二つです。なぜ自分の穴までなのかというと、潜在意識には自他の区別がつかないからなのです。だから、自分の潜在意識にも負のエネルギーが注入され、穴を自分と相手の二つ掘ってしまうことになるのです。

心の鏡をいつもピカピカに磨いていれば、自分がよく見えますが、お風呂場の鏡のように曇っている状態では、誰が写っているのかさえ判別できません。心の鏡磨きとは、自分の目の前に起こること、見えるものは自分が出したものが投影されていると認識し、今まで自分がどういう思いを発していたのかをよく観察し、これからどう軌道修正するべきなのかを考えるということなのです。

この話はちょっと難しいかな？　と思う子どもたちに、第8章でも述べましたが、私は「神様ポイント」と名付けた話をしています。

人が喜ぶこと、よい言葉、良い行いはプラスのポイントが貯金されていき、人が嫌な思いや悲しい思いをする行動、汚い言葉はポイントがマイナスされます。そしてポイント数に応じてよいことが起こったり嫌なことが起こったりして今のポイント状況を教えてくれるというものです。

いいことが起こったら、「神様ポイント貯まっているんだね、すごい！　その調子」と。嫌なことが起こったら、「ポイントマイナスなんじゃない？　もっと貯めなくちゃね」といった具合です。

そして嫌な言葉や文句を言っていると「今のマイナスじゃなかった？　大丈夫かな？」と声を掛けるのです。すると子どもはハッと我に返ります。

いいことと言っても、雨予報だったのに雨に当たらずに帰れたとか、人気のカードが入っていたとか、本当に些細な事で神様ポイントの話題をふるのです。

いつも自分の心の状況がどうなっているのかは、目の前で起こることを見て、人から掛けられる言葉を聞いていると、自然に分かってくるものです。

「頼まれごとは試されごと」と言いますが、同じするなら喜んで進んで気持ちよく行動すると神様ポイントにボーナスがもらえるのです。

今の結果は自分が蒔いた種であることを自覚し、恵みが欲しければ善意を蒔き、幸せになりたければ他人の幸せを考えるということなのです。

あなたの周りの人たちはあなたを映し出す鏡だという事をしっかりと肚に落とし、その鏡にいつも自分が良く映るように「心の鏡」を磨いておきましょう。

Step2

言葉の責任。

最近あまり聞かなくなった、恥という言葉。人前に出ると心臓がどきどきして恥ずかしい、という感覚とは違うものです。

新渡戸稲造のベストセラー『武士道』の中に「羞恥心は少年の教育において養成せらるべき最初の徳の一つであった」というくだりがあります。つまり、ここでの羞恥心とは自分で自分を律する心をもてるような教育が必須だということです。昔は「笑われるぞ」、「名が汚れるぞ」、「恥ずかしくないのか」、「おてんとうさまに顔向けできない」などという言葉が、非行青少年の行動を正す切り札として有効だったのです。

この感覚は人間だけのもので、動物にはありません。人間に一番近いチンパンジーでも、先祖に恥じぬ生き方のために修養するなんて聞いたことがありません。

孔子は論語で、「恥とは悪から善に向かわせる内面的な動力である」と言っていますし、孟子は、「恥は人間の本能的な道徳感覚である」と言っています。

また、恥と名誉は互いに表裏一対で、名誉を失うことが恥であり、不名誉はそのまま恥であったのです。とも書かれています。

この時の名誉とは、すごい役職に就いているとか、家柄というものではなく、自分に対する「誇り」で、自分にどれだけ正直でいるのか、どれだけ善行を重ねているのか、人に喜んでもらうことをできているのかなどを積み重ねた信用のようなものです。

人に迷惑をかけてはいけない、人の役に立つ人間であらねばならぬという道徳心は生まれながらに持っているものではなく、育っていく過程で培われて初めて持てるものです。

Step3

子どもの叱り方。

スーパーに行ったとき、よその子どもがお惣菜のラップを指で押してへこませているのをみて、「こらっ！」と思わず怒ってしまいました。すると、側にいたお母さんは

「すみません」と言うのかとおもいきや「おばちゃんに怒られるからやめなさい」と言うのです。

このとき、お母さんが「何やってるの」とわが子を叱り、なぜ駄目なのかの意味を説いた後、つついたお惣菜を買って帰ったならば、その子は二度と同じことをしないと思うのです。

おばちゃんに怒られるからしてはダメというのは、見つからなければ何をしてもいいという発想に繋がりかねません。

子どもの頃は何にでも興味がありますので、やってみたいことに溢れています。とはいえ、人に迷惑を掛けること、命に関わることはいくら興味本位でもしてはいけません。

家のお皿のラップをつつくのは咎めることなどなにもありません。でも、お店のはだめです。この違いは何か。それは、お店の商品はお客様が買うものだからです。

このように、自分が起こした行動でどのようなことが起こるのかという思いを先へ繋げることが、善悪の区別に繋がるのだと思うのです。

ほんの些細なことかと思うかもしれませんが、これはほんの一例です。子どもは何故叱られるのかが分からないと、その場だけ耐えれば大丈夫と思ってしまい、同じようなことを何度も繰り返してしまいます。

私たちはたくさんの命に囲まれ命に支えられて生きています。命をいただいて自分の命を繋いでいるのです。だからこそ、人のせいにする人生ではなく、しっかりと信念を持ち、自分の命が輝くような生き方をしてほしいと願うのです。

子どもであっても自分のしたことの責任を考えさせること、そして子どもがしたことの責任を親が取るという後ろ姿を見せることもまた、大切だと思います。

●薬のリスク

日本は国民皆保険制度が整っているので、病気になって病院にかかっても多額のお金を支払わなくていい仕組みになっています。相互扶助の精神というのは分かります。だからなのか、日頃の生活に気を付けるよりも、めちゃくちゃな生活で体を酷使しておいて、ガタがきてから病院へ行くというケースが多いように思うのです。

しかし、よく考えてみてください。薬を飲めば病気が治るのでしょうか？　実際は決してそうではありません。

血圧の薬を例にとると、血圧は何故上がっているのか、その原因を取り除かなければ、徐々に増える薬を一生飲むことになるでしょう。

夜眠れないからと睡眠薬を飲むのも、頭を使いすぎていて、夜になっても交感神経が興奮から冷めないのが主な原因です。夜遅くまでテレビやスマホの画面を見ていると、脳の興奮は冷めません。薄暗くして呼吸を深くし、リラックスするのがよっぽど体にはいいのです。

そもそも薬は容量が決まっている上に、入っている原料はマイクログラムもしくはミリグラム単位です。多く飲めばよく効くのではなく、多く飲めば副作用を起こし死に至る危険性もある毒なのです。毒をもって毒を制すというものなのですから、毎日長く飲み続けるというのはリスクがあって当然です。

薬はあくまでも対症療法であり、病気を治す療法ではないということをしっかりと覚えておいてください。病気を克服するための原則は、もともと自分自身に備わっている自然治癒力を引き出し、これを高めることだけなのです。

「このお薬の副作用は何がありますか、漢方薬には副作用がありませんよね」などの質問をよくもらいますが、副作用のない薬など存在しません。たとえそれが漢方薬だとしてもです。すべての薬と言ってもいいほど、薬の説明書には肝障害、腎障害、胃腸障害などの副作用が書かれています。

病気になったときは病院と薬だけに頼るのではなく、自分の生活を改めるチャンスと捉えて自分を振り返る時間を作ることです。ある日突然体が病むのではなく、日々の積み重ねで症状は起こるのです。たくさん出ていた小さなサインを見逃し続けた結果なのです。

●体への責任

雑貨屋さんで耳に入ってきた若い女の子たちの会話です。

調理器具の前で「こんなのいらないしなぁ」「なんで？　料理とかしないの？」「全然しないよ」「えっ、何食べるの」「レトルトとかお惣菜。いっぱいあるから美味しいし飽きないよ」

この会話を聞いていて、恐ろしくなりました。

食とは人に良いと書いて食なのです。この子たちの食は人に良いものなのでしょうか。レトルト食品はたしかに美味しいし、すぐに食べられます。

野菜やお肉を買って作って食べるより安価かもしれません。

しかし、見た目は同じに見えるかもしれませんが、腐らないために高圧高温滅菌処理をし、野菜の中の酵素もビタミンも分解してしまっています。更に言うならば工場で大量生産され、味をよくするために大量の添加物が投入されています。これはレトルト食品だけではなく、スーパーやコンビニのお惣菜売り場に並ぶ商品にも同じことが言えます。

こんな添加物だらけの食事しかしていないというのですから、驚きです。毎日そのような食生活を続けていたら、彼女の身体にどんなことが起こるのか、恐ろしいと思いましたが、今どき全く知らない子に「そんなことしていたらダメ」とお説教するわけにもいかず、その場を去りました。

仕事を終えてヘトヘトのとき、または非常時に食べるのはもちろんありだと思いますが、毎日はダメです。そもそも昔の野菜では摂れていたビタミンやミネラルも、今の野菜では十分な量と種類が摂れなくなっています。添加物はそれに追い打ちをかけるようにミネラルが体に取り込まれるのを邪魔したり、排泄するために大量に使われたりしているのです。それにより現代版栄養失調で体調不良を訴える方が激増しています。

自分だけならまだよいのですが、女性は母となる可能性があります。子どもがお腹に宿れば栄養源は母親の身体しかありません。その母体が栄養失調状態で体を害する添加物ばかりのものを食べていたらどうなるでしょうか？

そもそも、卵は温めて孵化します。人間も同じです。だから子宮はお腹の中にあるのですが、現代の女性は冷えすぎています。ミニスカートをはきお腹が見える服、自販機で冷たい飲料水を飲み、冬でもアイスを食べるなど、体が冷えることばかりです。そして食品がジャンクフードやレトルトとなると更に体は冷えきっていきます。

次世代を担う子どもたちだからこそ、本当は若いうちから食生活には気を付けてもらいたいと思うのです。

Step4

命への責任。

今の自分の存在とは両親、祖父母たちを含む先人たちが繋げてくれた積み重ねの上にあるのです。私たちも「今」が良ければ良いのではなく、１００年先２００年先のことを考えて「今」に責任を持たなければいけません。

例えば環境問題もそうです。今必要な量のものだけを自然からいただくというスタンスでいれば、生態系は崩れません。縄文の時代はこうして自然と共生していたからこそ平和な時代が長く続いたともいわれています。

今は森も海も恵みを必要量いただくのではなく、今手にするお金のために次の世代のことは考えず、根こそぎとって大量に廃棄しているというのが環境破壊を引き起こしているのではないかと思います。

命は自分だけのものではありません。ママ友達で出産のときの話題になると、子どもが生まれるまでに、また分娩時までにたくさんのドラマがあります。

ぎりぎりまで仕事をしていて早産しそうになりベッドに寝ていたこと、つわりや貧血がひどくて点滴しながら仕事をしていたこと、お腹が徐々に大きくなるにつれ足の爪が切れなくなったこと、布団から出るのが大変になったことなど、みんな分娩の日まで大変ながらに楽しみながら、時間を過ごしています。

そしていざ分娩！　丸一日陣痛が続き大変な難産だった子、急に心拍が弱まって助産師さんと医師が慌てて押し出した子、後産がひどく日常生活が送れるか不安に思ったことなど、母は命懸けで子どもを産んでいるのだと実感します。

命が宿り産声を上げて出てくるまでもドラマですが、そこから先も楽しい修行は続きます。私は息子が三人いますが、まさに三人三様です。子育ては親育てと言いますが、子どもは自分の思った通りに動くわけもなく、何を思っているのか頭の中をのぞくこともできません。でも、授かった命を輝かせてあげたいと日々奮闘し子どもに育てられています。

子どもたちもいずれ次の世代へバトンを渡す日が来るのでしょうし、その子たちもまた同じように次へバトンを渡すことになるのでしょう。その時私がもらった愛と智慧のバトンを後世へつなげることが、親の責任ではないかと思います。

おわりに

感謝とは何だろうと考えていたら、心の扉が開いて中から「愛、愛、愛」と出てきたのよと言う母に、私は三姉妹の次女として愛情をいっぱい注いでもらって育ちました。そんな私が会社を継ごうと決意したのは、薬剤師である母が考えた体の基礎が整うサプリメントを絶やしてはいけないという思いからでした。

その商品シリーズは、未来を思う母の愛そのものだからです。

私は母になって初めて、自分の母の大きな愛と大変さに気が付きました。そして代々母たちが命がけで命をつないでくれたからこそ、今の私があるのだと、心から尊敬と感謝の念を持つことができたのです。

子育てに正解はないのでしょうが、子どもは親だけが育てているのではなく、両親をはじめたくさんの方と関わり合いながら、社会全体で育てて頂いているのだと感じています。

本書で紹介した10Sをひねり出して15年、たくさんの先生方や多くの盟友たち、そして素晴らしい書籍にたくさん学ばせて頂きました。

まだまだ私も学びの途中ですので、すべてができているという訳ではありませんが、毎日をワクワクと楽しみキラキラと輝ける自分でありたいと日々奮闘中です。

先人たちがしてくださったように、私たちも次の世代に良いものを残し次へ繋げるためには、母となる女性がカギになるとの確信があります。自分さえよければ他は蹴落としてまでというような環境にしてしまうと、世界はどんどん小さくなっていき、今だけ、金だけ、自分だけのブラックホールに入ってしまいます。

反対にたくさんの方と関わり、たくさん本を読み世界を広げることができたら、色々な視点から物を見ることができるようになります。

母も子どもも心の切り替えスイッチがたくさんできれば、世界はどんどん広がっていき、柔軟な発想とたくさんの楽しみ方を発見することができます。

これから私たちが繋いでいく未来は、ブラックホールではなく、どこまでも広がる楽園を目指し、我が子同様に子どもたちを社会全体で育てていけるような大人づくりから始めることが今の私に課せられた責任ではないかと思い、色々なところでお話しています。

人生、紆余曲折があり、よいときもあればそうでないときもあるものです。ですが自分の中に立ち戻れる起点があれば、何があっても大丈夫だと思うのです。その起点、基軸を作っていくものがこの10Sに込められています。

母が楽しんでいれば、子どもも楽しく、子どもが楽しんでいる姿を見ているだけで母も楽しいものです。これから先もずっとキラキラ輝き幸せに暮らす子どもたちでいてほしいと、思い切って拙い筆をとりました。

まずはラクに楽しく、なんでも笑いに変えてしまえるメンタルを育てる子育てアイテムを使ってみてください。

そして、私が母から受け継いだサプリメントにもし興味をお持ちであれば、「瑠璃薬局」をインターネットで検索してみてください。

最後になりましたが、本にしようと背中を押してくれた主人と両親、そして編集を手伝って頂きました仲間たち、出版社の皆様、仲山編集長のおかげで形にすることができました。皆様には本当に感謝しかありません。心より御礼申し上げます。

この本が皆様と一緒に輝く未来をつないでいける一光になれば幸いです。

箕浦雅子（みのうら・まさこ）

福岡県福岡市生まれ。薬剤師、食養アドバイザー。三児の母であり、両親の会社を継ぎ経営者となる。チョコレート嚢胞（子宮内膜症）破裂により両卵管を一部切除。子どもは望めないと言われるも、自然妊娠にて三児を授かる。両親の影響で幼い頃より食養に触れていたが、自身の入院をきっかけに真剣に学ぶように。様々なセミナーや書籍を通して人生哲学を学ぶなか、易経に出会い、今までの学びと食養の関係が腑に落ちる。現在、学校薬剤師として小学校でお酒とたばこの話や薬物乱用教室を行う。食の大事さ、子育ての楽しみ方、夫婦円満の秘訣などセミナーも開催。母から受け継いだ「体の基礎を整える」サプリメントを販売しており、自身も愛用。

株式会社健将　代表取締役社長
株式会社健将ライフ　代表取締役社長
株式会社日輪光 瑠璃薬局　代表取締役専務

ラクに楽《たの》しくいい子《こ》が育《そだ》つ10のルール

2023年11月30日　初版第1刷発行

著　　者　箕浦雅子
発 行 人　仲山洋平
発 行 元　株式会社フォーウェイ
〒150-0032　東京都渋谷区鶯谷町3-1 SUビル202
電話 03-6433-7585（編集）／FAX 03-6433-7586
https://forway.co.jp
発 売 元　株式会社パノラボ
〒150-0032　東京都渋谷区鶯谷町3-1 SUビル202
電話 03-6433-7587（営業）／FAX 03-6433-7586
装　　丁　西垂水敦（krran）
イラスト　satsuki
本文DTP　bird location（吉野章）
校　　正　横川亜希子
印刷・製本　シナノ

ISBN978-4-910786-04-9